ルポ 海外出稼ぎ

Working abroad

「安いニッポン」から「稼げる国」を目指す若者たち

NHK「クローズアップ現代」取材班

大和書房

はじめに

番組制作の現場で日々行われる企画会議。ディレクターやプロデューサーが取材してきたテーマや興味関心のある事柄を提案書にまとめ、議論し合う場だ。

2022年秋、企画会議は「円安」や「物価高」など経済の話で持ちきりとなっていた。物価高騰による家計の負担は大きくなる一方で、賃金が上がらず苦境にあえぐ国民の声を番組としてどう伝えていくのか、各自の取材から活発な議論が交わされていた。

そんななかで提案されたのが、〝出稼ぎ日本人〟であった。「円安が加速すれば海外で働いたほうがいいのではないか？」。取材のきっかけは率直にいえば安易な考えであった。しかし、ネットを中心にリサーチを進めていくと、実際に海外に拠点を移したことで高給を手にしている日本人の存在も見つかり、巷では「出稼ぎワーホリ」という言葉も生まれてきている状況だとわかってきた。

「日本人が出稼ぎに行くような時代が本当に来るのか？」。日本経済が飛躍的な成長を遂げてきた時代を取材してきたベテランディレクターやプロデューサーたちは半信半疑な思いを抱きつつも、みな興味は尽きない様子であった。

　提案班会から約1ヶ月後の２０２２年11月上旬、担当ディレクターやデスク、プロデューサーなどの取材制作体制が組まれ、早速キックオフミーティングが行われた。番組の方向性や取材先の候補となりそうな現場などをまず共有して、そこから本格的な取材開始となる。しかし、このときすでに「出稼ぎ日本人」という特集が、雑誌や民放などの各メディアで組まれ始めていた。そこでは、日本で年収３００万円だった寿司職人がアメリカで年収８０００万円になったという驚きの事例などが紹介されていた。感じたのは国民の興味関心の強さだ。雑誌や放送の特集を受けたコメントがＳＮＳを中心に多数飛び交っていたのだ。好意的な意見もあれば批判的な見方まで、「出稼ぎ日本人」という新たな潮流に対して社会の関心が高いことは確かな事実であった。

「クローズアップ現代」という番組は、27分間の放送で1つのテーマを伝える。そこで大事なのは、縦に深く掘り下げることだ。起きていることを伝えるだけではなく、起きていることの「意味」を掘り下げていくことで問題の本質を視聴者に届けられるように私たちは日々取材を重ねている。今回、「出稼ぎ日本人」というテーマを扱うには、「海外で年収が何倍に増えました」という現象だけでなく、彼らがなぜ日本を出ることになったのか、海外からみた日本の問題はどこにあるのか、様々な角度から深掘りしていくことで「日本経済が抱える根本的な問題」に到達するのではないかと考えた。

そこで私たち取材班は、給料の上昇度合いにとらわれず、海外への渡航理由や渡航に至る以前の日本での労働環境という点に重きを置いて取材を進めていった。さらに加えて取材を進めたのは、海外から日本にやってくる外国人労働者たちである。円安の影響から、外国人労働者の「日本離れ」が加速しているというニュースが報道されていた。彼らの動きを同時に見つめることで、労働者たちはどこに集まり、離れていくのかという世界の労働市場の動きまでが浮かび上がり、日本の置かれた現実も見えてくる。「出稼ぎ日本人」という入り口をきっかけにして、私たちはより深いメッセージを番組で伝えることを目指して、議論を重ね、現場に足を運び、このテーマと向き合ってきた。

第1章では、オーストラリアで現場取材した事例と事前取材などの情報も交えながら日本人の出稼ぎの実態を紹介する。第2章では、彼らが海外で働くことに至った経緯を深掘りして、若者からみた日本の労働環境の問題について考える。第3章・4章では、海外から日本へ「出稼ぎ」にやってくる外国人労働者の本音とその対応に追われる企業の動きから、今後の日本の労働市場のあり方について考えていく。最後に、番組にもスタジオゲストとして主演された東京大学大学院経済学研究科の渡辺努教授と日本国際交流センターの毛受敏浩執行理事への最新取材も加えた専門的知見も紹介する。世界各地の現場から寄せられた本音の声をもとに、「海外出稼ぎ」の最新の実態と、その背景にある日本の労働市場の課題と今後の展望に迫っていく。

ルポ 海外出稼ぎ

「安いニッポン」から「稼げる国」を目指す若者たち

目次

はじめに…001

第1章　安いニッポンから「海外出稼ぎ」へ

安定した職を捨て、海外へ向かう若者たち…014
未経験でも月収50万円…018
専門スキルで高収入…025
円安で注目される「出稼ぎ日本人」…033
収入アップに加え、新たなキャリアの選択肢も…035
人生の可能性が広がった…038
海外で働いたことがキャリアの自信に…041

熾烈化する職探し…044
「悪徳業者」の存在…046
海外でスキルを磨く…050
人生の新たな価値を見つける…053
ワーキング・ホリデーを目指す若者たち…056

第2章 若者たちの「静かなストライキ」が始まった

若者たちの本音…062
日本を飛び出し、30歳で海外へ…067
日本で成長するビジョンが描けなかった…072

長時間労働から逃げ出したい一心で海外へ…077
働くなかで感じてきた「男女格差」…079
専門スキルを磨いても給料が上がらない…082

第3章 「外国人労働者」が日本に来なくなる日

日本における「外国人労働者」の重要性…090
記録的な円安と、外国人労働者の声…091
受け入れ機関からの回答…094
目の当たりにした〝外国人頼み〟の現場…097
進む高齢化、縮む経済格差…100
シェアハウスで共同生活をするベトナム人女性たち…105

日本で働くベトナム人女性たちの本音……111
「日本離れ」による雇用主の悩み……118
ベトナム人が日本に来なくなる?……123

第4章 外国人労働者を受け入れる試み

外国人労働者の人材確保……128
技能実習生から特定技能へ……132
外国人労働者の世界的争奪戦……135
外国人労働者に選ばれる環境づくり……138

―インタビュー―

「海外出稼ぎ」現象の背景と、日本経済の未来

渡辺努（東京大学大学院経済学研究科 教授）

労働者の「静かなストライキ」が始まった…144
海外を選ぶのは「モビリティ」が高い労働者…145
日本人は「労働者としては弱い」が「消費者としては強い」…148
日本と海外の「賃金格差」が起きた理由…150
「急性インフレ」と「慢性デフレ」、2つの病…151
日本人の所得が海の向こうへ逃げていた…153
外圧が「ノルム」を叩き壊した…155
2024年以降の日本を待ち受ける2つのシナリオ…156

ここから注視すべきなのは「金利」…158
人材不足が賃上げを促す…160

外国人労働者に「選ばれる国」になるために

毛受敏浩（日本国際交流センター執行理事）

外国人労働者が「選ばない国」になりつつある日本…164
日本に都合がよすぎる技能実習生制度…167
「混ざること」で日本は発展してきた…169
地方ほど外国人材受け入れに積極的…170
「外国人材に選ばれる企業」の最低条件とは…174
移民二世、三世をどう支えていくか…176

日本が受け入れ国として成長するために…177
おわりに…179

第1章

安いニッポンから「海外出稼ぎ」へ

安定した職を捨て、海外へ向かう若者たち

オーストラリアの大都市・シドニーから500キロほど離れた、地方都市のコフス・ハーバー。人口は約7万人、豊かな自然に恵まれたリゾート都市だ。

2023年1月、南半球に位置するオーストラリアでは、最高気温が40℃を超えるほどの真夏を迎えていた。コフス・ハーバー空港から海岸沿いに車を走らせて30分、ビーチでは海水浴やサーフィンなど、夏を満喫する人々の姿で溢れている。

取材班の目的地は、浜辺から歩いてすぐの飲食店などが立ち並ぶ場所の一角にあった。「バックパッカーズ（アメニティー・サービスのない完全素泊まりの安価で泊まれる宿）」と呼ばれる場所で、日本でいう「ゲストハウス」のような施設だ。2階建ての建物は黒色の外装で統一され、1階にはカフェも併設されており、とても洒落た雰囲気が漂っている。ここで、20人以上の日本人が共同生活を送っていると聞きつけ、今回私たちは日本から取材にやってきた。

現地時間の14時、取材班がバックパッカーズに到着して入り口で待機していると、間もなく日本人が続々と帰宅してきた。目に入ってきたのは、私服姿で真っ黒に日焼けした肌、長髪から金髪と自由なヘアスタイル、明るい表情でこちらに手を振っている若者たち。その表情はとても生き生きとしていた。

早速、私たちが日本から取材に来たことを告げると、彼らは快く取材を引き受けてくれた。施設の管理人への連絡を済ませると、すぐさま建物内を案内してくれた。共有ラウンジにはくつろげるソファや娯楽用のビリヤードなどが置いてあり、さらに進んだ先には共同のキッチンも併設されている。スペースも広く、調理器具なども綺麗に整頓されている様子だ。彼らはさらに奥まで進んでいき、施設の裏口を抜けて裏庭まで案内してくれた。そこでは、テーブルを囲みながら、日本人の若者たち10人ほどが酒を飲んで談笑していた。昼過ぎではあったが、かなりの盛り上がり具合だ。傍には、バーベキューのコンロが置いてあったり、サーフボードが何枚も立て掛けてあったり、娯楽を充実させるアイテム類がたくさん目に入ってくる。仕事後はいつもここに皆で集まって食事や飲み会をして団欒しているそうだ。

次に2階を案内してもらった。2階は基本的に寝室スペースとなっており、1部屋4人程度で宿泊するドミトリーとなっている。各部屋の入り口には靴が大量に並び、なかにはドアが開けっ放しの部屋まである。共有スペースのような場所では、ウクレレを弾く日本人の男女の姿もあり、どこか和やかな雰囲気が広がっていた。日中ということもあり、2階は人の姿も少なく、賑やかな1階と比べてもかなり対照的な印象を受けた。若者たちがそれぞれ自由に過ごすこの空間は、まさに大学の学生寮のような場所であった。

施設のなかを一通り案内してもらった後は、再び共有ラウンジに戻ってきた。管理人からも自由に取材をしていいと許可をもらっていたので、早速その場にいた日本人の若者たちに話を聞かせてもらうことにした。いったいどういう人たちが、どうしてオーストラリアで生活をしているのか、まずは率直に質問を投げかけた。

「(日本にいたときは)8年間、理学療法士という、リハビリの仕事を病院でやっていました。英語を勉強している中でワーキング・ホリデーという制度を知って、年齢制限もあり、去年29歳だったので今しかないなって、思い切ってこっちに来ました」

(30歳・男性)

「高卒で、学校に行きながら5年間日本で美容師をやっていました。英語を学べる機会を作ろうかなと思ったときに、お金がないので留学じゃなくてワーホリにしました」（24歳・女性）

まず驚いたことに、理学療法士や美容師など彼らの多くは手に職があり、安定していた仕事を辞めてまで、日本からオーストラリアにやってきていることであった。加えて、ほとんどの若者が、ワーキング・ホリデー制度（通称・ワーホリ）を利用して渡航してきていることだ。

ワーキング・ホリデー制度とは、原則1年間を期間として、主に18歳〜30歳の若者が海外での生活を体験できる制度である。日本では1980年にオーストラリアと協定を結んだのが始まりで、2023年8月時点では29ヶ国・地域との間で導入されている。オーストラリアは渡航人数の制限がない一方で、カナダは年間6500人、イギリスは年間1500人（2024年4月より6000人に拡大予定）など日本人枠の定員が決まっており、もし上限以上の応募があれば抽選が行われることになる。相手国や地域によってビザ発給などの要件は異なるが、基本的に対象の年齢条件さえ満たしていれば、この制度を利用して比較的だれでも容易に海外で暮らすことができる。

そして、このワーキング・ホリデー制度の特徴として挙げられるのは、滞在中の資金を補うために「一定の就労が認められている」ことである。海外で働くのには、一般的に就労ビザなどが必要とされているが、その取得には専門スキルや一定期間の実務経験などが求められることになる。近年は、各国の経済発展に伴って就労ビザの取得に困難を極めるケースが少なくないという。そんな中、このワーキング・ホリデービザを活用すれば、たとえ専門スキルを有していなくても、異国の地で働くことが可能になるということだ。

前述の元理学療法士や元美容師の他にも、このバックパッカーズで生活する若者たちは教師や介護士、会社員など様々な肩書きを持っていた。20代という若さで、日本で安定とされている職を捨てて、いったい彼らはオーストラリアでどのような仕事に従事しているのか。私たち取材班はその仕事場にお邪魔させてもらえることになった。

未経験でも月収50万円

午前8時、彼らが宿泊するバックパッカーズから車で30分ほどの場所で待ち合わせた。

目的地に先に到着して待っていると、ワゴン車に相乗りして若者たちが車から降りてきた。話を聞くと、車を所有するメンバーが限られているため、職場までの送り迎えは分担して行っているのだそうだ。

照りつける太陽の下、この日は10人ほどの日本人が集合していた。日よけ帽子を被り、手袋をはめ、さらに１人一個ずつバケツを手に持っている。向かった先にあったのは、ブルーベリー農場だ。彼らの仕事は、収穫の最盛期を迎えたブルーベリーを摘み取るアルバイトである。周囲を見渡すとこのブルーベリー農場には、韓国人やインドネシア人などアジア系の外国人からヨーロッパ系の外国人の姿もある。

収穫した量に応じた「歩合制」で給料が支払われるということで、すぐさま一斉に作業がスタートした。シーズンによって異なるというが、この時期は満杯まで収穫して、１つのバケツにつき６・５豪ドル（取材時点でのレートで約６００円）の給料になるという。昨日の宿舎でのリラックスした表情とはうってかわり、若者たちの顔つきは真剣さを増し、会話も少ないまま黙々と収穫作業が進められていく。

実は彼らの多くはこれまで農作業の経験はないという。それでも調子が良いときは１日に40バケツ（日給で約２万４０００円）ほど収穫できる日もあり、ひと月で約50万円は稼ぐことができるというのだ。基本的には個人作業となるので、語学能力もあまり問われないうえ、未経験者でも高収入が期待できるという。

「本当にすごい時は、マックスで1日400豪ドルいったりしました。1週間ごとに給料が払われるので、日本円で言ったら1週間で約20万円ぐらいですかね。最高ですね」**（27歳・男性／元小学校教師）**

「すごくお給料も良くて歩合制っていうのもあるので、元々前の仕事でもやりがいは感じてたんですけど、それ以上にたくさんやりがいは感じています」**（30歳・男性／元理学療法士）**

「（農作業は）初めてですね。こっちに来るまでやったことはなかったですけど、結構楽しいですね。英語力が多少なくても働けたりするので、最初の仕事としては非常に良いんじゃないのかな」**（30歳・男性／元不動産業）**

ブルーベリー農場での作業の様子

満杯まで収穫し１バケツにつき6.5豪ドル

取材日のこの日の作業は14時頃に全てが終了した。1日の労働時間は天候やその日の収穫量によって異なってくるというが、収穫シーズンである3ヶ月間を平均すると、1日の労働時間は6〜7時間ほどだという。

仕事が終わって昼過ぎに宿に戻って以降は、それぞれの自由時間を過ごす。農作業着から水着に着替えて近くのビーチまでサーフィンに向かう若者もいれば、副業である飲食店のアルバイトに向かう若者、将来の夢のために机に向かって英語を勉強する若者など、それぞれが思い思いの時間を過ごしている姿が印象的だった。

夜7時が過ぎた頃、共同のキッチンで料理を始めた女性がいた。近くのスーパーで買い溜めておいたという食材を調理して、慣れた手つきで一気に数人分の料理を完成させた。オーストラリアは給料が高い一方で、物価も高く、外食の値段は日本の倍だという。そのため、なるべく自炊をすることを心がけて、入居者同士で料理も互いにシェアし合うことで食費を抑える工夫をしているのだ。その結果、物価が高いオーストラリアでも、彼らの多くは驚くことに月に20万円以上は貯金にまわせているという。

「日本にいたときに5年間で貯めたお金が、オーストラリアだと1年間で貯まっています。今貯まったから、来週からハワイに2週間行って豪遊します（笑）」**（24歳・女性／元美容師）**

「日本での奨学金の返済があるので資金を貯めている感じですかね。23年ぐらいかけて返済していかなきゃいけないんですけど、これから少しずつこっちで出稼ぎして返していけたらと思っています」**（24歳・男性／元児童福祉士）**

稼いだお金は旅行費に充てたり、学生時代の奨学金の返済費に充てたり、起業という夢の実現のための資金に充てたり、その使い道は人それぞれ。それでも彼らが口を揃えるのは、日本にいたときの仕事の稼ぎでは実現できなかった生活を送っているということであった。振り返ると、彼らと初めて会ったときのその生き生きとした表情が今の海外生活の充実ぶりを物語っている気がした。

「楽しみつつ英語も学べて、お金も稼げるというので、オーストラリアはすごく良い

ところだなって。可能性が広がっている感じは、すごく実感しています」（**30歳・男性／元理学療法士**）

「自分の時間がいっぱいある気がします。仕事終わってからもサーフィンに行くとか、海に行くとか、自分の好きなことができる時間、趣味に使う時間も増えるし、あんまり仕事に追われている感がないですね、こっちは」（**33歳・女性／元メイクアップアーティスト**）

「給料は全然違うし、こっちの方がやっぱり、これだけ働いてこんなにお金がもらえるという達成感みたいなものは全然違うとすごく感じますね。あとオンとオフがあるっていうか、仕事の時は仕事モードになるし、休みの時は休みモードになるので、それが日本だとオフでも仕事の部分がちょっとあるというか。そういうオンとオフがしっかり分けられるのがこっちの良いところかなって感じました」（**24歳・男性／元児童福祉士**）

コフス・ハーバーでの取材を終えて、私たちが次に向かったのはオーストラリア最大都市・シドニー。「オペラハウス」や「ハーバー・ブリッジ」などシドニーを代表する観光地からは20キロほど離れたベルローズという町にやってきた。

専門スキルで高収入

現地時間の朝８時、取材班が到着したのは介護施設。そこは広大な庭も併設された緑生い茂る場所で、池には色鮮やかな鯉が泳ぎ、立派な空間が広がっていた。取材班が駐車場で待機していると、歩きながら笑顔でこちらに向かってきた日本人女性がいた。この介護施設でアシスタントナースのアルバイトをしている27歳の女性だ。アシスタントナースとは、患者の食事や排泄などの日常動作の補助、バイタル測定やリハビリのサポートなど、日本でいうと介護士のような職種である。

早速エントランスに入って、施設のマネージャーやスタッフたちとも挨拶を交わした。

事前に取材のお願いはしていたものの、コロナ禍ということもあり改めて撮影の注意事項が我々に入念に伝えられた。新型コロナ対策のため、現場で取材するクルーは２名までに制限してほしいということ、利用者に過度なストレスがかからないように小型カメラで撮影してほしいことなど、感染対策や利用者のプライバシーに細心の注意を払ってほしいということであった。

人数制限もあることから、まずはカメラと音声担当の2人が現場に入った。施設が広いために、アシスタントナースはそれぞれ担当のフロアが分かれており、割り当てられた場所を中心に業務を行うという。この日の女性の担当エリアには、20人ほどの高齢者がいるようだ。彼女は早速、利用者の食事の補助やバイタル測定など慣れた手つきでそつなくこなしていく。時折、医療英語やジェスチャーも交えながら、利用者とも積極的にコミュニケーションを図りながら程良い距離感で介助にあたっている様子だ。経験豊富な仕事ぶりに見えるが、実は彼女は日本からオーストラリアに来てまだ9ヶ月で、英語にも全く自信がないというのだ。とはいうものの、彼女と交流する利用者たちの表情はとても柔らかい笑顔で、そのおかげもあって私たち取材班のカメラを利用者たちは好意的に受け入れてくれた。序盤の緊張感がほぐれていくのと同時に、日本人の彼女がいかにこの施設で受け入れられている存在なのかを実感した。

介護施設での様子

慣れた手つきで介助作業をこなすこの女性。実はこの日、彼女以外にも2人の日本人女性が施設で働いていた。介護施設の入り口にはスタッフたちの出勤状況を確認することができる用紙があり、過去数日間の記録まで残っていた。許可をもらい、その出勤記録を確認すると、驚くことにそこには日本人の名前が多数並んでいる。マネージャーに話を聞くと、この介護施設には30人を超える日本人女性がアルバイトとして契約しているというのである。

そして実はその全員が日本で看護師として働いていたそうだ。彼女もその一人で、日本では病院の脳神経外科で5年間看護師として働いていた。この施設で働く彼女たちは、日本の留学支援会社が看護師を対象に企画したワーキング・ホリデーのプログラムを経由して働いているのだそうだ。語学学校から資格取得、そして就職支援までが一括でパックになったこのプログラムは今、日本の看護師たちからの人気が高まっているという。

しかしなぜ、看護師だった彼女たちがオーストラリアで介護の仕事をしているのか。この日、彼女の勤務が午前中で終了するということで、午後に自宅でお話を聞かせていただけることになった。

シドニー中心部、観光の玄関口とも言われ、観光客が最も利用するというセントラル駅からほど近い場所に彼女の自宅があった。人通りも激しい道沿いに構える雑居ビルで、1階には商業店舗が入っており、2階が住居フロアだという。2階のエントランスを入ると、共有キッチンで2人の日本人女性が食事をしていた。ここは、留学やワーキング・ホリデーでやってきた日本人の女性が多く契約している宿舎なのだという。

早速、彼女の部屋まで案内してもらった。今は、同世代の日本人女性と相部屋で暮らしているという。それぞれのベッドと机がシンプルに置かれた簡素な部屋で、机の上には英語に関連した教材が並んでいる。共同生活ということもあり、互いにあまり物は置かないようにしているらしい。

カメラを三脚で固定して、まずは対面でのインタビューをお願いした。少し緊張気味な彼女に、早速なぜ日本で看護師を辞めてオーストラリアに来たのか疑問を投げかけた。

「元々海外には興味があって、自分でも家で英語を勉強していたんですけど、実際に看護師として病棟で働いていくなかで、海外の患者さんと会う機会がたくさんありました。自分がその患者さんのもとに行ったときに、思うように英語が出てこなくて、うまくコミュニケーションが取れなかったのが本当に悔しいなってそのときに実感しました。こういうときに自分が話せて、海外から来た患者さんにも自分が対応できていたら良かったのになっていう思いがこみ上げてきたんです」

外国人にも英語で看護の対応ができるようになりたいと渡豪を決意した彼女は、2022年4月にワーキング・ホリデー制度を活用してオーストラリアにやってきた。初めは語学学校に通いながら、ジャパニーズレストランのアルバイトから始めた。そこで初めて給料をもらったときに、彼女は驚がくしたという。

「やっぱりこっちで働いて初めてお給料をもらったときに、すごくびっくりして。こんなに稼げてしまうんだっていう。来るときは、給料がいいとかはあんまり着目してなかったんですよ。『オーストラリアってすごいんだ！』と思いました」

その後、日本での看護師の経験を活かして、現在のアシスタントナースの仕事を開始。時給は平日で日本円にして約3000円、休日や夜間に働くと時給は数パーセント割り増しになる。いつもは週に5〜6日ほどは働いているという。日本だと介護職の平均月収は25万円ほどだが、オーストラリアだといくらになるのだろうか。下世話な質問を少々恐れながらすると、彼女はスマートフォンに保存された最高時の給与明細を見せてくれた。なんとその額は、週給で2488・36豪ドル。日本円にすると、約22万4000円。月給で計算すると、80万円にのぼるときもあるというのだ。破格の金額に、取材班も思わず声を出してしまった。

「『えっ本当!?』みたいな感じですよね。日本で働いていたときの倍ぐらいはありますね。こんなにもらえるのって夢ありますよね（笑）」

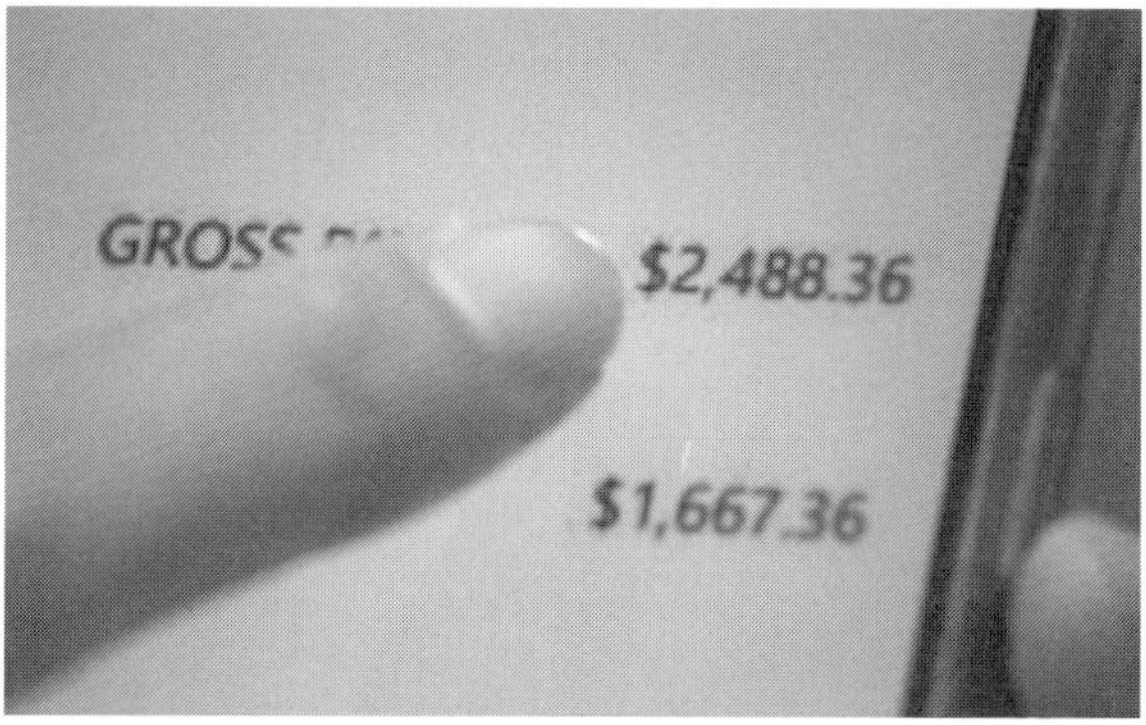

最高時の給与明細（週給）

彼女は今、アシスタントナースの仕事以外にも訪問介護と飲食店のアルバイトを掛け持ちしている。それらを合わせると、なんと現在の月収は100万円に到達するというのだ。食事は基本的に自炊をして節約を心がけることで、毎月80万を貯金にまわせているという。

さらに、給料面だけでなくオーストラリアで働いていて良かったことがあると話す。「働き方」だ。かつて日本で勤めていた病院では、残業が当たり前の日々で、将来を考える余裕は全くなかったという。しかし、今は残業をせずに稼ぐことができ、将来の選択の幅を広げるため、医療専門の英語を勉強する時間も作ることができているのだ。

インタビュー中に彼女はある夢を語った。「稼いだお金で大学院に進学して、ゆくゆくは自分で訪問看護ステーションを立ち上げたい」。実は、日本で看護師をしていたときから漠然とその気持ちはあったというが、周囲には言い出せなかったという。オーストラリアで稼げるようになったことで、夢の実現が近づいてきたのだ。

「自分は大学院でもっと専門性を深めて、看護の勉強をしたり、将来的には日本にいる海外の患者さんを対象にした訪問看護ステーションを作っていきたいと思っているので、そういう事業展開に充てるお金だったり、そういう将来に向けての面で貯金をしています。最初は『訪問看護師になれたらいいな』って思っていたんですけど、それが夢が広がったんを看護してあげられたらいいな。それで地域にいる海外の患者さというか、無理だろうなって思っていた部分もあったので。それがこちらに来て本当にかなえられそうだと思ったので、そういうもっと大きな夢に変わりました。あのまま日本にいたら、たぶん諦めてたのかなとも思います」

彼女のワーキング・ホリデーの有効期限は2023年3月まで。しかし、オーストラリア政府が新型コロナの影響を受けて創設した「パンデミックビザ」と呼ばれるビザを使用することを検討しているという。「パンデミックビザ」とは、新型コロナ流行期間中に医療や福祉関係などに従事する外国人労働者を対象に、最大1年滞在を延長することができる仕組みである。この制度を活用して、さらに今後の1年間はより実践的な医療英語を学ぶ機会を作っていきたいと彼女は取材の最後に力強く話してくれた。

円安で注目される「出稼ぎ日本人」

海外で農業や介護の仕事をする日本の若者が今、「出稼ぎ日本人」として注目をされるようになった背景には、2022年に連日のように報道された歴史的な円安の影響がある。1ドル＝151円という、およそ32年ぶりの円安水準を更新した。そんな〝超円安時代〟には、異国で稼いだ外貨を高いレートで円に換えることができるのだ。日本より海外で働いたほうが効率良く高収入を得られると、ネットやメディアで「海外出稼ぎ」が注目されるようになった。なかでも、海外で比較的容易に働くことができるワーキング・ホリデーはコロナ禍が落ち着いたこともあって、若者の間で急激に人気が高まってきている。オーストラリアにワーキング・ホリデービザで滞在する日本人は、コロナ禍の影響でいったん減少したものの、２０２２年12月末時点で約５７００人と前年同期に比べて７・７倍に増加した。

ワーキング・ホリデーの渡航先として上位の人気を誇る国は、オーストラリア、カナダ、ニュージーランドなどの地域。受け入れ人数が多かったり、英語圏であったりと人気の理由はいくつかあるが、何と言っても「給料の良さ」も挙げられる。最低賃金に関していえば、オーストラリアは23・23豪ドル（日本円で約２２８０円）、ニュージーランドは22・7ニュージーランド・ドル（約２０８０円）、カナダは16・75カナダドル（約１８６０円、ブリティッシュ・コロンビア州）と、どの国も日本の最低賃金の２０２３年度全国平均１００４円を上回っている状況だ（日本円は２０２４年2月28日時点のレート）。

今回私たち取材班は番組を制作するにあたって、あらゆる手段を使って海外で働く若者たちへの接触を試みた。海外で暮らす知人の伝手を頼ってみたり、ＳＮＳで海外生活を発信している若者を検索してみたり、現地のリサーチャーに日本人の若者を探してもらったりと、とにかく情報取材を重ねることにした。なかでも最も多くの若者の声が聞けたのは、日本の留学支援会社からの紹介だ。留学やワーキング・ホリデーを支援する複数の支援会社に取材を申し込み、エージェントを介して海外渡航した若者の情報提供をお願いしたところ、かなりの数の若者にオンラインでインタビューを実施することができた。

今回番組で取材をした若者の数は、現地での取材から事前のリモート取材までを合わせると最終的には総勢50人以上に及んでいた。ここからは、事前のオンライン取材で聞いた話も交えながら、「海外出稼ぎ」を決めた若者たちの声を紹介していく。

収入アップに加え、新たなキャリアの選択肢も

まず紹介するのは、日本の留学支援会社の仲介でコンタクトを取ることができた大学生のケースだ。彼は今、ワーキング・ホリデー制度を利用して、カナダ・バンクーバーで暮らしている。日本との時差は17時間、現地時間の19時にリモート取材をお願いした。

彼の年齢は21歳、大学を休学して海外で生活することを決断した。仕事で世界を飛び回

っていた親の影響で幼い頃から海外に興味を持ち、新型コロナが落ち着いたタイミングを見計らい、大学を1年間休学。ワーキング・ホリデー制度に応募した。日本で和食レストランのアルバイトをしていた経験を活かし、カナダ現地ではバンクーバーのなかで最も規模が大きいという寿司屋で働くことにした。

「みんな日本食といったら、〝寿司〟がまず最初に出てきます。『日本人ならみんな寿司を握れるでしょ』みたいなことを言われる時もありますね。カナダの人は、寿司といったら、大体ロールを思い浮かべるらしくて。日本では作ったことないようなロールをこっちでいろいろ作ったりしているので、それもおもしろいです」

寿司屋でのアルバイトの時給は18カナダドル（取材時の日本円で約1700円）、それに加えてチップも入る。週5日の勤務で、多いときには月に6000カナダドル（約58万円）ほど稼げるという。ちなみに、日本で和食レストランのアルバイトをしていたときは、1日10時間労働を週4日。月給にすると、7万円ほどであった。月給は驚くことに、日本のアルバイトのときから約8倍にも跳ね上がったのだ。さらに貯金額は、半年ですでに10

0万円にまで到達したという。続けて彼が付け加えたのは、1日の労働時間自体は日本にいた頃の方が長かったため、実は全体の労働時間は日本とカナダでさほど変わっていないということだ。

「もともとお金を稼ぐという目的で来てなくて、語学留学と料理の勉強をしたいという目的でカナダに来たので。けれど、意外と稼げてしまって、これはおもしろいなと。日本の働き方より結構楽なんですよ、そんなに厳しくもないですし」

実は彼は、カナダに来る前にすでに就職活動を終え、日本国内のメーカーに内定をもらっていた。1年間カナダで生活した後は、大学を卒業し、そのメーカーで勤務することを考えていた。しかし、海外で好待遇なアルバイトを経験したことで、その気持ちは大きく変化していった。

「(日本で) 新卒で初任給をもらうとなると、変な話、もう半分ぐらいになる可能性もありますよ。元々料理の道に進みたいというのがあって、それからメーカーの会社に入るか、自分のお店を開くのか、どちらかで迷っていました。でもそれがバンクーバーに来て、自分のお店を持ちたいという気持ちが強くなりました。寿司の需要が高まってきていますし、料理のスキルさえあれば、多分どこでも雇ってもらえるという話をいろんな国の方も言っているので。カナダに来た当初と今では気持ちの変化は結構ありますね」

人生の可能性が広がった

次に紹介するのは、会社員を辞めてオーストラリアで働く31歳の男性の声だ。カナダ、フィリピンと海外生活を重ねた後、ワーキング・ホリデー制度を使ってオーストラリアにやってきた。英語力を強化するために3ヶ国を渡った彼は、もともと海外に興味を持ったきっかけは7年前にあった出来事だという。

「ちょうど僕の目の前に英語をしゃべりながら電話している年配のサラリーマンの方がいて、単純にかっこいいなって思ったというのが〝英語〟を意識し始めたときでした。それが24歳のときで、もともと海外に全く興味はなかったんですけど、調べていくうちに海外で生活してみたいという欲が生まれてきたんです」

英語を磨くために、日本で会社員を辞めて、まずはカナダに３ヶ月間の語学留学。さらに、ワーキング・ホリデー制度を使って1年間カナダに滞在し続けた。その後、フィリピンで３ヶ月間の語学留学をはさみ、オーストラリアにやってきたという流れだ。

彼は今、オーストラリア・ニューサウスウェールズ州の都会から外れた農場でアルバイトをしている。農場の給料は、１週間で約２５００豪ドル（約23万円）、１ヶ月で約１万豪ドル（約90万円）。日本の会社員時代と比べると、給料は２倍に、貯金額はなんと約10倍にまで増えているというのだ。

「（オーストラリアの給料は）金銭面的には2～3倍違うんじゃないですかね？　大げさに言うと、多分10倍ぐらい違うと思います。所得で見ると2倍なんですけど、例えば私が日本でサラリーマンとして月収30万をもらって、毎月３万円から5万円ぐらい貯金できていたものが、こっちだと引かれるものも少ないんですけど、月間で少なくても30万円ぐらいは貯金できるんじゃないかなって思います。貯金額で見たら10倍ぐらいは違うので」

男性は、農場でのアルバイトの他にオンライン英会話のビジネスを自ら立ち上げた。英語力も向上し、金銭的にも余裕が生まれたことで、念願だった起業という夢にチャレンジすることができたのだ。ビジネスも徐々に軌道に乗り始め、オーストラリアでの生活が終了したら、フィリピンでオフィスを構えてさらに事業を拡大していくつもりだという。

「海外出稼ぎはおすすめですね。というのも、やっぱり出稼ぎができる方はワーキング・ホリデーを使える30歳までの方だと思うんですよ。今の日本の20代とか、若い人たちで例えば100万円を貯金できる人って全然いないんですよね。結婚している人たちを含んでも3割ぐらいしか100万円を貯金できる人がいないと聞いたことがあって。まず海外で大きいお金を作って、選択肢を増やして、常識を日本に持ち帰って、日本を奮起させるじゃないですけど、海外出稼ぎは、若い人たちから日本を変えていけるチャンスになるんじゃないかなって思ってます。お金の余裕ができたら、いろいろ選択肢が増えると思いますし。なので、１年２年限定でも出稼ぎでお金を作ったり、あとは英語に触れて世界の人と話してみて、外から日本を見て、いろいろなことを感じて、そうすると考え方がいい方向に変わるんじゃないかと思います」

海外で働いたことがキャリアの自信に

日本での仕事をそのまま海外でも続けたことで、キャリアの幅が広がったと笑顔で話してくれたのは、オーストラリアのケアンズでバリスタとして働いている25歳の女性だ。彼女がオーストラリアでの仕事としてバリスタを選んだのは、もともと日本で大学時代からカフェのアルバイトをしていたからだ。当時、たまたま一緒に働いていた同僚のなかに、オーストラリアでワーキング・ホリデーを経験した人がいたことから、コーヒーの本場・オーストラリアで自分も働きたいという思いを強く抱いたという。

現地にきてから最初の４ヶ月間は、まずメルボルンの語学学校の基礎コースで英語を学んだ。その後、ケアンズに移動して、念願だったカフェで働き始めることができた。職場で一緒に働くのは、オーストラリア人だけでなく、韓国人や中国人、ドイツ人など様々な国籍の人たち。もちろん、コミュニケーションは全て英語で行われる。働く以前は不安だった語学力も、現地で生活するなかで心境の変化が生まれていたという。

「やっぱり最初に来た時は英語が全く話せなかった状況だったので、楽しみのドキドキよりも不安が勝ってしまっていて、とても怖かったですね。実際来た時も英語が全く喋れずに帰り道がわからない時があって。何を言われてもすごくスピードが速いですし、わからなかったりとか、言い返せなかったりとか、そういったところはちょっとストレスがたまったりはしましたけど、でもやっぱり自分が英語ができれば全て解決する話だったので、そこはもっと頑張ろうって思いました」

時給や勤務時間など労働環境よりも自分のやりたいことを優先して選んだカフェの仕事。稼ぐことにはあまり重きを置いていないという彼女だが、やはり現地の給料の高さには驚いたという。日本とオーストラリア、職種は変わらなくても、時給は日本で働いていたときの倍以上に上昇したのだ。

「東京で働いていた時は時給1100円から1200円で働かせていただいたんですけど、こっちだとだいたい28豪ドルいただいています。28豪ドルだと日本円で2800円いくかいかないかぐらいのお値段だと。1時間28豪ドルいただけるというのは、日本で働いていた時と比べてしまうとびっくりしました。『本当にもらっていいの？』って思っちゃうぐらいのお値段だなって思いました」

バリスタという好きな仕事を海外でも続ける彼女。取材の最後には、海外生活を経験したからこそ生まれてきた夢を語ってくれた。

「正直、オーストラリアに来る前は（いずれは）日本に戻りたいって思っていたんですけど、5ヶ月間過ごしてみて、もっとオーストラリアにいたいって気持ちが出てきました。将来的に英語をもっともっと頑張りたいですし、グローバル化も目指したいなって。けれど、日本でカフェを自分で開きたいという気持ちもまだある。日本か海外、どちらでお店を持つかっていうのは、決められてはいないですね」

熾烈化する職探し

取材に応じてくれる若者たちが海外での豊かな暮らしぶりを話してくれるなか、現地の職探しが日に日に難しくなってきているという話も聞こえてきた。2022年5月にオーストラリア・ゴールドコーストにやってきたという男性。取材当日、彼は仕事終わりに職場からリモートで応じてくれた。現在の仕事はミートファクトリー（精肉工場）で、加工用肉の仕分けやパッキング、クリーニング作業を行っている。

実はこの男性、この工場で働く以前は、オーストラリア・メルボルンの日本食レストランで働いていた。半年ほどオーストラリアで職を転々としてきたなかで、ある変化を感じているという。仕事を手に入れづらくなってきているというのだ。

「自分がオーストラリアに来た当初は、結構早い段階で仕事が見つかったんですけど、この時期、なぜかわからないんですけど、なかなか仕事が見つからないんですよ。飲食店だったり、ジャパニーズレストランにしても、料理の経験が豊富な人を募集したりしているので、なかなか見つからないです。いろんな場所に毎日アプライ（申し込み）しているんですけど、本当に見つからないです。経験が少ない人は雇ってもらえないです。実力社会っていうんですかね。料理系の仕事だったら、料理系の経験がある人を雇ったり、本当に料理の経験がない人をキッチンに立たせるというのは、あまり募集していないですね。経験者ばかり募集しています」

ミートファクトリーで働き始めて彼はまだ2週間ほど。職探しが難航するなか、幸いにもオーストラリアで日本人向けに運営する情報サイトで求人募集を目にした。情報は全て日本語で書かれ、担当者とのやりとりも日本語のみ。英語は苦手だという彼だが、採用が即決まったという。

この工場で働き始めてまず驚いたことは、日本人の多さだ。全体の7割ほど、10人弱の日本人の若者たちが働いている。日本人の他には韓国や中国など、アジアからきた出稼ぎ労働者たち。この仕事を始めてまだ日が浅いが、国籍に関係なく彼らが優しく指導してくれるという。

ミートファクトリーでの時給は40豪ドル（約3600円）。1週間で約1600豪ドル

（約14万円）ほど稼げるという。彼はもともと日本では20歳から自動車の整備士として働き、その後はトラックドライバーの仕事も経験した。当時から仕事を掛け持ちしていたので、意外にも日本とオーストラリアの給料面での変化はさほどないという。その一方、オーストラリアで働いたことで大きな変化を感じている部分がある。それは、働き方だ。

「日本では毎日仕事をしていて、休みの日がたまにあっても疲れて寝てしまって1日過ごすことになっちゃうので、働いている時間と休みの時間がうまく調整できないというのは思っていましたね。日本にいる頃と比べると、働いている時間が半分ぐらい減っても、同じくらいの給料をもらえたりするので、プライベートの時間を持てていいなとは思います」

「悪徳業者」の存在

職探しが難航している若者たちもいるなかで、4つの仕事を掛け持ちしているという女性からも話を聞くことができた。2022年7月にオーストラリア・シドニーにやってきた女性は、日本の大手証券会社の営業職を辞めて、海外生活の道を選択した。現在はパブ、ローカルレストラン、日本食レストラン、ハウスメーカーの事務とアルバイトを4つ掛け持ちしながら海外での生活を満喫している。

「もともと高校くらいのときから海外に行ってみたいという漠然とした夢がありました。家族からも『自分でお金を貯めて、自分のお金で行くならいいよ』ということだったので、社会人として4年間働いて、タイミングを見て今になったっていうところですね。額面の給料は約2倍くらいに増えています。日本の最低賃金とオーストラリアの最低賃金で約2倍くらい違うと思うので、その点効率よく稼げるというのはすごく感じています。本当に英語力がないんですけど、気合いでできます。本当にこの1年間ストレスフリーで過ごしてますね」

彼女が働く職場の一つ、ローカルレストランはホールスタッフだけでも50人ほどの規模を誇る、大きな飲食店だ。驚くことにそこでは、現地のオーストラリア人は働いておらず、全て外国人労働者だという。東南アジアを中心に、他にもブラジルやスペインなど世界各地から仕事を求めて若者がやってきているのだ。様々な仕事をこなす彼女は、オーストラリア現地での労働環境の変化を感じていた。

「今、人手不足は正直あまり感じてないです。仕事を見つけるのも結構難しいと思います。仕事が見つかるまでに、アプライしても先方から返事が返ってこないとか、レジュメ出しても面接にならないとか、そういったこともあるので人手不足は正直あまり感じてない。私の語学学校が始まったのが2022年7月下旬なんですけれど、本当に2ヶ月間だけでも生徒数がかなり増えた。その影響も受けて、授業料なんかもかなり値上がりしていて、すごく人が増えてるんだろうなっていうのは感じます。あとやっぱり家が見つからないことも問題になっています。今、シェアハウスの家賃がとても上がっています。多分私が来た時から1・5倍くらいには」

求人倍率の高まる一方で、仕事選びにも注意が必要だと彼女は語る。突如クビを告げられたり、「悪徳ファーム」と言われる劣悪な環境の農場で日本人が働かせられたりするなど、現地の仕事にはリスクが伴うものも少なくないというのだ。

「ファームでも、女性とか関係なく肉体労働に対応できないと、どうしてもできない人は『もう今日でクビ』という話もよく聞きます。それでまた一からファームを探すのも今は難しい。私の周りでもかなり困っている人が増えてきています。

あとはやっぱり悪徳ファーム。『いろいろサポートしますよ』『ここで働けますよ』って言って、現地に行っても仕事がない。ただ、そこが提供しているアパートとかシェアハウスに住んで家賃だけ払わされて、仕事がもらえないとか。結局、ただ往復の航空券を自分で出して帰ってくるだけだとか。そういう悪徳ファームが最近かなり増えてきているらしくて。例えばFacebookとかTwitter（現X）とか、みんなで共有するソーシャルメディアなんかでも、悪徳ファームに気をつけてとか、紹介されるのは行かない方がいいよとか、そういった情報も結構出回っていますね」

日本の留学支援会社によると、語学力（特に英語）が乏しいことが多い日本人は、知らないうちに悪徳業者の被害にあっていることも少なくないという。

事前に入念な情報収集をして仕事を選んだという彼女。4つの仕事を掛け持ちして稼いだお金は基本的には趣味の旅行に使う以外は貯蓄に回しているという。そこには、日本に戻ったときの備えとして、堅実な考えもあった。

「1年後、2年後とかに日本に戻る予定なんですけど、戻って一人暮らしをするとなった時の費用と、あとは仕事も簡単に見つかるわけではないと思うので、日本での生活費のために貯蓄したりしています。将来のライフプランを考えた時に、結婚や出産だとか、そういったところもこの年齢になると視野に入れていきたいので、そのための貯金も、ある程度別枠でしていけたらなって思っています」

海外でスキルを磨く

海外で職探しが熾烈化するなかで、自らのスキルをより磨こうとしている女性もいる。オーストラリア・メルボルンの日本食レストランで働く22歳の女性。日本食レストランというが、意外にも職場で働く日本人は彼女のみ。中国人がオーナーで、従業員は中国やタイ、ベトナムなどアジア圏の外国人が占めている。留学エージェントの紹介で見つけた仕事だという。2ヶ月前にオーストラリアにやってきたばかりの彼女だが、生活するなかで周囲の変化を感じ始めていた。

「最近は急激に日本人の方が増えているというのを周りから聞きます。街を歩いていても、日本人を見かけたりすることが多いです。求人とかもどんどん埋まっていたりします」

彼女は現在、毎週月曜から木曜まで週4日語学学校に通っている。街中だけでなく、学校内でも日本人の姿を目撃することが増えているというのだ。なかでも、新型コロナで留学に行けなかった大学生などが一気に海外に出てきている印象が強いという。日本人が増えてきている状況のなかで、彼女が意識し始めたことがある。それは、なるべく日本人でなく外国人と交流することを心がけることだ。

「語学力を上げたいというからには、自分から動かないと。日本人と話す環境がほとんどになってしまうこともあるので。語学力がないと、日本食レストランでも採用されないということもあるので、そういったところが大事になってくると思います」

今は比較的語学力が問われない日本食レストランでアルバイトをする彼女。時給は22豪ドル、週3日の勤務で約528豪ドルの給与が入る。日本円で換算すると、週に約4万7000円、月収で約19万円というところだ。日本では旅館で正社員としてフルタイムで働いていたという彼女。当時は、週5日の勤務で月収は20万円ほど。現在と比較すると、少ない労働時間で同程度の給料をもらえることができる計算になる。しかし、彼女は意外にもそこまで海外で稼ごうという気持ちはないという。

「海外でめっちゃ稼ごうとかそういうのはないですね。けれど、短時間で同じお金をもらえるっていうのは、すごく大きな違いですね。空いた時間で、友達とご飯やカフェに行っています。そこで出費が増えるので、スーパーで買い物をして自炊もしています」

海外で稼ぐことよりも、語学力の向上や交友関係を大切にしているという彼女。オーストラリアでの生活を始めて2ヶ月、取材の最後に実際のところ海外生活についてどう思っているのか尋ねると、こう答えてくれた。

「海外での生活をしたことがないので、何も想像ができなかったんですけど、実際に来てみて、思っていたよりちゃんと自分の力で生活ができているなって思います。自分が何をしたいかを探しながら生活している感じです。若いうちにいろいろ経験したいとずっと思っていて、悩んで行けなくて後悔するよりは、一歩踏み出して行動することの大切さを感じています」

人生の新たな価値を見つける

海外出稼ぎが話題になるなかで、取材を進めていくと、お金ではない別のものに価値を置いているという若者たちも多くいた。その一人、ニュージーランド・オークランドで暮らす31歳の女性。２０２２年6月にワーキング・ホリデーを利用して海外生活をスタートした。

彼女はもともと日本で美容師の仕事をしていた。仕事を辞め、2020年にワーキング・ホリデーの申請を済ませるも、新型コロナの影響で渡航は先延ばし。2年間はコールセンターなどのアルバイトで渡航費用を稼ぎながら、コロナ禍が落ち着いてようやくニュージーランドにやってきた。

「美容師をやっていた7年間は、ほぼ月6日ぐらいしか休めないから、ちょっと疲れてたんですよね。そのときに、海外旅行が好きだし、英語力をつけたいなと思って。(ワーキング・ホリデーの年齢制限の)30歳もギリギリだったので、行こうと思って決めました」

7年間美容師として働いていた彼女のニュージーランドでの仕事は、りんご農園で収穫作業をするアルバイトだ。求人サイトから応募した仕事で、なんと履歴書すら送らず、面接をすることもなく、即採用されたという。

「面接もなかったです。『おいで』みたいな感じ。農園での仕事を選んだのは、せっかくだから日本ではやらないようなことをやろうと思って。あとは私の英語力があんまりだったので語学力が問われない仕事を選びました」

りんご農園でのアルバイトは、1日約7～8時間ほど。2週間働いて、約1300ニュージーランドドル（約11万円）、月収で20万円以上は稼ぐことができるという。一方、日本で美容師をしていた当時の稼ぎも20万円ほど。給料そのものは変化していないが、彼女が海外生活を経て感じた大きな変化として環境面でのメリットを挙げてくれた。

「正直給料はトントン。稼ぎたいっていうよりは、ニュージーランドの暮らしの方がせかせかしていないし、日本と違って仕事がメインじゃなくて、生活をちゃんと大事にしている。そういうバランスのところはやっぱり違うなって思いました」

現在彼女は会社が提供する共同寮に入居し、計8人で共同生活を送っている。休日にはみんなで近くの海にムール貝を採りに行ったり、綺麗な夜景を見に行くなど楽しい日々を送っているという。今のりんご農園の収穫時期が終了すれば、数週間の旅行も計画している。そして、その後はすでに次の職としてガーデニングの仕事も決まっているそうだ。彼女は日々の充実を感じさせる表情で教えてくれた。

「何事もチャレンジだから、何かやってみた方がいいと思います。視野を広げるためにも。私としては、もうちょっと早くからワーホリのプログラムを見つけて、いろいろ行きたかったなと思いました。情報のないところに身を置くっていうのは、チャレンジっていうか、冒険じゃないですか。悪くないですよ、全然」

ワーキング・ホリデーを目指す若者たち

海外で働く若者たちが稼ぎを増やしている一方で、これから海外渡航を目指す若者たちは「海外出稼ぎ」に対してどれほどの興味関心があるのか。

２０２２年12月、取材している民間の留学支援会社からワーキング・ホリデーの説明会を開催するという連絡をいただいた。担当者から事前に当日のプログラムを伺うと、ワーキング・ホリデーの概要説明から体験談、留学カウンセラーや語学学校スタッフによる個別相談会など例年通りのプログラムに加えて、今回の説明会は「稼げる海外留学」というテーマを設けて、海外で働くとどれほど稼ぐことができるのかという話も盛り込むという。取材班は早速、当日の撮影の申し込みをした。

説明会当日、開始時刻の12時が迫ってくると、東京・市ヶ谷のセミナー会場には若者たちが続々と訪れてきた。休日での開催ということもあり、学生だけでなく社会人と見られる人の姿も多く見受けられる。複数人で一緒に参加しているグループもあったが、ほとんどが1人で参加しに来ている様子だ。男女比率はほぼ同等であるが、多少女性の方が多い印象。最終的に現地にやってきた参加者は総勢40人ほど、他にもオンラインでの参加者が50人以上もいるという。

この日の説明会テーマは「稼げる留学!?　ワーキングホリデー」。オーストラリアやカナダの時給の高さ、人気の職種や必要な語学力、仕事選びの注意点など、担当の女性社員がモニターでスライドを活用しながら、説明していく。参加している若者たちは真剣な眼差しでメモをとりながら聞いている。

その後は実際にワーキング・ホリデーを利用して働いている若者がオーストラリアとカナダからそれぞれオンラインで参加して、現地の生の声を報告。終了後は、個別相談会の時間が設けられ、それぞれのブースに分かれて、より詳しい説明を聞いている様子であった。

計2時間ほどの説明会、実際に参加した人たちはどんな感想を持っているのか。そもそも、どんな人たちがこの説明会に興味を持って参加しているのか。説明会終了後、何人かの若者にインタビューをした。

「会社に入ったあともなかなか昇給が難しくて、やっぱり足りないなって思うので、もうちょっとお金が欲しいなと思いました。向こう（海外）では、毎月10万から15万ぐらいは貯蓄にも回せるのかなと思ったので魅力的だと思います」（**20代・女性／製造業の事務職**）

「日本でも新卒だったらそこまで稼げないですし、しかもバイトでそこまで稼げるっていうのが魅力だと思います。しかもそれで英語も学べるってなったら行って損はないかな。１００万ぐらい稼いで、ドヤ顔で帰ってきたいです」（**22歳・男性／大学生**）

「稼げるというのを聞いて、ちょっと興味を持って一歩踏み出してみようかなって思いました。語学力がなくても勉強しながら稼げるんだったら少し安心だなっていう。学校の授業料とか向こうの生活費とかは心配ですけど、稼げるというのはちょっと安心しますね」（20代・女性／個人事業主）

説明会を開催した会社「ワールドアベニュー」の松久保健太代表取締役社長によると、これまで若者の海外渡航の主流だった「学生ビザ（留学などの勉強を目的に海外滞在できるビザで就労時間は限定的）」から「ワーキング・ホリデー」を志望する若者が増加しているという。さらに、ワーキング・ホリデーはかつては文化体験という「ホリデー」要素が強かったが、今は海外で働く「ワーキング」要素を前提に考えるようになってきた若者が増えてきたと近年の変化を語る。

「円安で稼げるというところで『ワーキング・ホリデーっていいんじゃないか』と注目度がすごく上がっています。コロナ前と比べても2倍以上は問い合わせが増えている状況です。特にこの2022年10月ぐらいから、一気に増えている感じになっています。いわゆる、学生ビザの世界からワーキング・ホリデーに関心が移っているというのは感じていて、学生ビザで渡航されたい方の問い合わせの数倍ぐらいはワーキング・ホリデーの問い合わせをいただいている状況です」

記録的な円安や長年上昇しない日本の賃金の問題を背景に、若者を中心に注目が高まる「海外出稼ぎ」。今回取材した50人以上の若者たちは、賃金アップとともに生活が豊かになったと明るく答える表情が印象的だった。次章は彼らが日本を飛び出した背景にある賃金だけではない要因も分析する。

第2章

若者たちの「静かなストライキ」が始まった

若者たちの本音

冒頭で紹介した、月収50万円以上を稼ぐことができるというオーストラリアの農場。今回番組で現地取材をしたブルーベリーの収穫アルバイトをしている若者たちにさらに話を聞いていくと、新たな発見もあった。それは、彼らの多くが当初予定していたオーストラリア滞在期間の延長を検討していることである。

現地で「ファームジョブ」と呼ばれるこの農業アルバイト、実は一定期間従事することでワーキング・ホリデーの滞在期間を延長することができる。その仕組みを説明すると、1年目のワーキング・ホリデービザでの滞在期間中に、約3ヶ月（88日間）以上の就労をしてその証明書を提出することで「セカンドワーキング・ホリデービザ（セカンドビザ）」という2年目の滞在許可を得ることができる。さらに、2年目のワーキング・ホリデービザでの滞在期間中に6ヶ月間以上の就労をすれば、「サードワーキング・ホリデービザ（サードビザ）」の取得が可能になり、この制度を最大限活用することで通常1年の滞在を最大3年まで延長することができるというのだ。

このセカンド・サードビザが付与される対象となる仕事は、オーストラリア政府が定める特定分野の業種に限られ、農業だけでなく漁業や林業、土木業や採鉱など、その多くは人手不足が深刻な第一次産業の仕事である。ワーキング・ホリデーで現地に滞在する若者の間では、このセカンド・サードビザの取得のための情報が常にSNSを中心に行き交っている。どこで何の仕事に就くのがいいのか、就労環境はどのようなものか、英語力はどの程度求められるかなど、その投稿からは若者たちの興味関心が高いことがうかがえる。

「できればオーストラリアに長く住みたいというのはあります。やっぱり給料の面を知って、稼げるというのはこっちに来て思ったので」（**24歳・男性／元児童福祉士**）

「少しでも長い時間いられればいいという気持ちで、セカンドビザを取ろうと思っています。セカンドビザを取りつつお金も稼げているので、そこはすごくありがたいなと」（**30歳・男性／元理学療法士**）

なぜ、彼らの多くはオーストラリアでの滞在期間を延ばしたいのか。もちろん、「日本より稼げるから」という理由も多数挙がったが、その理由は決してお金だけに限らないという。そこには海外の働き方や職場の人間関係など、働く環境面で魅了されている若者が多くいた。

「人の温かさもそうですし、やっぱり一番感じるのは、(こちらの人は) すごく自信があります。僕もこっちに来て、少しずつ自信が湧いてくるという実感があります。『何かやろうと思えば絶対できるわ』っていう自信を日に日に感じています」(**24歳・男性／元児童福祉士**)

「僕が感じたのは上下関係があまりないところですかね。上司だからといって必ず従うのではなくて、意見は必ず言って、もしそれが合わないのだったら仕事場を変える。そういうスタイルがすごくフリーダムだなと思います」(**27歳・男性／元小学校教師**)

海外で働くなかで、お金だけではなく、働く時間を自分自身で管理・調整することができることや人間関係の風通しの良さに魅力を感じるようになったと語る若者たち。

では、日本にいたときはどのような思いで働いていたのか。何か不満を抱えながら働いていたのか。それとも、日本での仕事には満足感を得ていたのか。当時を振り返ってもらうと、若者たちの本音を聞くことができた。

「（日本にいた頃の介護士の手取りは）16万ぐらいですかね、月に。夜勤手当も含めて。やっぱり命を預かる仕事だったのでプレッシャーもすごくあったし、仕事と賃金が割に合ってないなとは思っていました。そのときは、あまり何かを言う権利がなかったという感じもします」**（28歳・女性／元介護士）**

「（日本では）働く時間がかなり長くて、生活のスタイルが仕事中心になってしまっていました。辞めてから初めて自分のために時間を使うことを知った感じですかね」**（27歳・男性／元小学校教師）**

「（年収は）だいたい400万ちょっとくらいでした。やっぱり給料的な面で不満はありました。もうちょっと給料がいいところに転職したいなっていう気持ちがあった

ので」（30歳・男性／元理学療法士）

「自分が休みでもお店から電話が来たり、ちゃんと休んでいる気がしなかったですね。休日出勤も当たり前だったし、逆に休んでいると不安になって、めちゃくちゃ追われていたっていう感じですね。友達と休みを合わせて旅行に行ったこともなかったですし。今思えば働きすぎたなって思いますね、今はすごく楽しい」（33歳・女性／元メイクアップアーティスト）

海外に来たからこそ見えてきたニッポンの現実。滞在を延長する若者たちのなかには、これから長期就労ビザ（企業や雇用主が外国籍の人たちに対し、長期的に雇用する際に下りるビザ）の取得を目指し、企業とのコネクション作りや専門スキルの向上に励んでいる人もいた。さらには、将来的にはオーストラリアの永住権を取得して、「こちらでずっと暮らしていたい」という声も複数人から上がっていた。年齢条件を満たしていれば、比較的手頃に働くことができるワーキング・ホリデーを入り口にして、海外で本格的に働くことを視野に入れ始めている若者たちが増えてきていることを私たち取材班は現地で実感した。

日本を飛び出し、30歳で海外へ

実際に海外で働く若者たちへの事前取材の段階から、私たち取材班は日本で働いていたときのことを振り返ってもらい、当時の仕事について率直な意見を聞いてきた。すると、若者たちのあらゆる不満が取材班に寄せられてきたのだ。

オーストラリア・メルボルンに到着してまだ2週間という男性。30歳を迎える男性は、ワーキング・ホリデーの年齢制限ギリギリのタイミングで日本を出た。日本では会社員として働き、日本人全体の平均ほどの年収をもらっていたという。

「日本ではいわゆる会社員でした。仕事を辞めるときは、周りに相談したらやはり止められましたし、『今後の人生、どうすんの?』みたいなことは言われましたけど、それ以上にやっぱり海外に行きたいっていう気持ちがありました。学べることや、自分がもっと成長できる環境が海外にあるんじゃないかなって思っていたので、周りにはだいぶ反対されましたけど、行くという決断をしました」

現在は通っている語学学校で学生をサポートする仕事を少ししながら、これから現地で本格的に仕事を探していくという。昼間は語学学校に通っているため、夜にローカル飲食店でアルバイトをするつもりだ。時給は28豪ドル（約２５００円）、土日に働けば35豪ドル（約３２００円）、祝日は40豪ドル（約３６００円）という好待遇なアルバイトだ。

「普通に働けば間違いなく日本で会社員をしていたときの稼ぎは超えますよね。やっぱり時給がいいというのは聞いていたので、それもあってオーストラリアに決めました。日本から仕事を辞めてきたので、日本の時よりはもっと稼ぎたい気持ちはありますね」

海外で稼ぎたいと意気込んで語る男性だが、日本で何年間も勤めた安定した仕事を辞めることに抵抗はなかったのか。取材中に質問を投げかけると、男性は当時抱えていた悩みを打ち明けてくれた。

「このままずっと同じような生活を続けていくのかっていうところはすごくあったの

で。正直、自分の上司を見た時に、大体見えてくるじゃないですか。『大体これぐらいの収入で』というのが。やはり、それも変えたいなっていう気持ちもありました」

仕事に向き合ってきたなかで、どこか閉塞感のようなものを感じていたという男性。しかし、よりよい給与や人間関係を求めるのであれば、国内で転職するという選択肢はなかったのか、海外ではなく別の手段もあったのではないか、男性に問いかけた。

「一応国内での転職というのも考えてはいたんですけど。それよりもより違う環境で挑戦したい気持ちもありました。最悪、日本での転職だったらまだチャンスはあるかもしれないですけど、海外に行くってなると、家庭ができたりとか、そういうのがあると難しいなとは思っていました」

30歳という年齢で海外にチャレンジ。男性はまだオーストラリアに来て２週間という短さだが、早速気持ちに変化が生まれているという。改めて、海外生活をスタートした今、日本で働いていたときのことを振り返ってもらった。

「日本ってやっぱりいまだに縦社会、ピラミッド式な組織というのは多分あると思うので、なかなか自分の意見を会社の方針に反映しづらかったり、通らなかったり。何か新しいことに挑戦することに対して、どちらかというと保守的な考えを持たれている方が多いというのが正直なところです。まだ来て2週間ですけど、まずそもそも年齢を気にしない。誰からも年齢を聞かれることはないですし、普通に先生のことも呼び捨てで呼び合ったりしていますね。30歳で海外の語学学校に通うのはどうなんだろうというのは、正直思っていたんですよね。若い人たちばっかりいるから、彼らからしたら嫌なのかなって思っていたんですけど、全然そんなことはなくて。すごく楽だなと思いますし、それこそ国籍さえ聞かれないっていう状態ですね」

日本と海外の風通しの違いをまさに肌で実感している男性。これから本格的に現地で仕事を始めていくつもりだ。好待遇なオーストラリアで稼いだお金はこれからどうするのか、その使い道についても我々に教えてくれた。

「普通にちゃんとフルタイムで働ければ、ざっとの計算ですけど、本当に月40万とか50万ぐらい稼げるイメージなんですね。確かに物価が高いともよく言われるんですけど、普通にちゃんと生活をしていけば、月10万円弱あれば生活できる感覚なので、頑張れば月30万ずつぐらい貯めていけるのではと思っています。その中で、やっぱりお金はしっかり貯めていきたいなと思います」

彼は現在通っている語学学校を卒業した後は、ファームジョブに就いて、セカンドビザを取得するつもりだという。滞在期間を最大限に延長したいという思いだ。取材の最後に、2年後、オーストラリア生活を終えた後のビジョンについても尋ねてみた。

「この後のビジョンはまだわからないですけど、まだ考えている途中ではありますが、例えば海外の大学院に進むことになった時も学費が絶対必要になるので、そのときにお金があればあるほど選択肢は絶対広がると思っています。しっかりと将来のことは決めてないんですけど、何かご縁があって、もしかしたらまた海外に残りたいな、と思っても、それこそ英語ができれば、最悪日本じゃない海外の他の国でも働けるチャンスはあると思います。別に日本に限る必要はないですし、そのとき自分が行きたい場所とか、ご縁もあるとは思いますので、特にまだここというのは決めてはいないです」

日本で成長するビジョンが描けなかった

不動産業界で会社員として働いていた29歳の男性は、２０２２年10月からオーストラリアで農業のアルバイトを始めた。不動産会社に勤めていた当時は給料に対する不満もなく、職場がブラックだったというわけでもなかったというが、会社を離れたのにはある理由があった。

「日本で働いていて、やりがいというものを感じなくなっちゃって。４年制の大学を卒業して新卒で会社に入社したんですけど、そこから7年ぐらいずっと同じ会社に勤めていたので、正直物足りなさだったり、慣れとかがあったので、自分の環境を変えたいというのは前から思っていました」

業務への慣れから物足りなさを感じ、やりがいを失いかけていた会社員時代。環境を変えようと、上司に部署異動の希望を相談するも、そこには大きな壁もあったという。

「例えば僕は営業部だったんですけど、広告とか、マーケティング部とかに『行きたいです』と言っても、『そのスキルないでしょ？』って言われちゃうんですよね。なら行きたいのに、行けない。会社を変えるとなっても、やっぱりスキルがなかったら転職できないですし、25とか26を超えてくると、それだけで、日本の中だと見方が変えられちゃうというのがある。だったら辞める。辞めたいとなったら海外という選択肢が出てきましたね、勝手に。正直、自分の中で『これをこうしたいからワーホリでオーストラリアに行くんだ』というより、新しい自分じゃないですけど、新しいことをしてみたいなっていうふわっとした感じで来ました」

7年間勤めていた会社を退職し、海外に行くことに周囲の反対もあったと語る男性。将来に不安を覚えることもあったというが、彼には強い信念もあった。

「会社を辞めるときは正直僕も結構不安……大丈夫かなという思いもありました。ただ、それよりも、我慢して今の仕事をしていても、長い目で見て僕の人生楽しいかって言われたら、正直そんなに楽しくなさそうだなって思ってしまって……。日本にいても、大企業でも倒産してしまうことがあるんだったら、リスクって正直そんなに変わらないかなって思っていました。別に海外に来ても死にはしないんで。20代で使える大事なビザなんで使ってもいいんじゃないのかなと思います」

現在の農業の収穫アルバイトはだいたい週に1000豪ドル（約9万円）の収入をもらっている。出稼ぎを目的に来たというわけではないが、日本よりも高い給料をもらうなかで海外で働くことの魅力を強く感じているという。

「英語力が低くても働ける。で、お金も稼げる。第一に思ったのが『あ、いいじゃん』みたいな（笑）。個人的な意見ですけど、出稼ぎワーホリってちょっとマイナスなイメージで捉えている方がいるかと思うんですけど、僕からしたら『いいじゃん』と。円の価値が下がっているから外国で稼いだほうがいいという。『それの何が駄目なの？』という。僕は、出稼ぎワーホリは肯定派です」

実際に現地で働くなかで、出稼ぎワーホリを推奨するという男性。アルバイト先や寝泊まりしている場所には、他にも日本人たちがいるというが、周囲の若者たちの様子はどうなのか。男性が感じた素直な感想を教えてくれた。

「オーストラリアにこうやって来てみると、同じように『会社辞めてきました』みたいな人が結構いるんだなって。なので、そういう人を見ると、俺の選択は間違っていなかったなって思いますね。特に20代中盤とか前半だと、会社を辞めるのにそんなに抵抗がないですしね。俗にいうエリート街道の人でも来ている人はいますし、（元）公務員だったりもいるので。辞めたら、もう日本に帰っても仕事がない、もう食えなくなるという感覚は、そんなにないんじゃないのかなと思います。スキルがあったり、もしなかったとしても働けるし、という感じですかね。僕も仕事辞めて、こっちに来て良かったなって思いますね」

今後日本に戻って仕事をするのか、海外を舞台に仕事をするのか、具体的なプランはまだないという彼。しかし、お金があることで、自分が何かをやりたいと思ったときにチャレンジできる土俵があることは最も大事なことだと語る。

「これからの具体的なプランは、結論としてはないです。でも、お金って結局大切だなって当たり前なんですけど、思っています。何かやりたいとか、こういうところに行きたいとなったときに、絶対お金って必要じゃないですか。そのときにお金がないからできないというのが、僕の中ではすごく縛られている感じなんですよね。自由になんでもしたい、と。そのためにはもちろんお金は必要だし、だったら目的のない貯金も全然ありだなと思っています。やりたいことを見つけて、そのときにできたやりたいことにお金をつぎ込む。稼いだお金を全部、オーストラリアで1年なり、2年、3年なりで使う。それも人それぞれだし、楽しそうだし、いいんじゃないかなと思います」

長時間労働から逃げ出したい一心で海外へ

あまりの激務から逃れようと海外に来た女性もいる。2022年6月にオーストラリアにやってきた28歳の女性は、シドニーから電車で3時間ほど、ゴールバーンという場所で暮らしている。オーストラリアにきた理由は、仕事に対する強い不満があったからだという。

「一番のきっかけは看護師を辞めたかったってところです。もう毎日毎日忙しくて、緊急入院とか、1日の入院件数もめちゃくちゃ多い病棟で、もう毎日毎日追われている感じでしたね。一発ですぐ辞められる方法を考えたとき、海外にも行ってみたいし、ワーホリっていうのがあるんだって、海外へ行っちゃえばすぐに辞められるわって思ったんですよね」

あまりの長時間労働に嫌気がさし、日本から逃げるように海外に出てきたという女性。

実は労働環境以外にも、給与面での不満も同時に持っていたという。

「他の病院だったらお金ももっともらえるって聞いたんです。大きい病院に限って給料が安いみたいで……。で、同じ病棟・病院の中でも、こんなにも忙しさの違いがあるのに、なんで同じ給料なんだろうと思っていました。1年目の時に30万円だった給料も、5年目の時は25万ぐらいで『なんで下がってるの?』という。なんかおかしいじゃないですか。給料は上がっていくはずなのに、どんどん下がっていくっていう。それで辞めようって思いました」

5年間続けてきた看護師の仕事を辞めて、オーストラリアのミートファクトリー(精肉工場)で働くことに決めた女性。きっかけは、日本人向けのオーストラリアの求人サイトで募集を見たことだった。これまでとは全く異なる仕事をしたい思いもあったことから、応募を決心したという。150人以上が働く精肉工場、彼女は主に内臓部分を扱う部門で働き、パッキング業務を行っている。時給は28・61豪ドル(約2600円)で食事の補助も付き、月に額面で45万ほどは稼ぐことができるという。

働くなかで感じてきた「男女格差」

地方銀行で働いていた29歳の女性からは、ある特有の不満が寄せられた。コロナ禍で日常を思うように過ごせない日々で、一度諦めた海外留学の夢にチャレンジすると決意した女性。２０２２年９月からニュージーランド・オークランドで暮らしている。

「日本にいると、縛られている感じがしていました。他国に比べたら、日本はキープマスクだったりとか、いろんな面で、あまり柔軟性がない国だなって私はちょっと思うんですけど」

女性は新卒で銀行に入行し、預金や融資、個人営業から法人営業まで、６年間で銀行業務のほぼ全てを経験してきた。彼女は安定したキャリアを捨てることに不安がなかったというが、それは当時働いているなかである思いを抱えていたからだという。

「自分が働いていた会社の中で、自分の今後のキャリアアップを考えられなかったですね。年功序列といいますか、やっぱり男女の格差、賃金とかそういった面でも、格差がありますし。同じことをやっているけれども、業種や職種でやはり給料の格差があったりだとか。銀行の法人営業をメインで結構長いことやっていたんですけれども、男性も女性も同じことを求められるんですが、やっぱりお給料の格差がありました。男女であったり、職種であったり、遠隔地勤務するかしないか、そういったことで、やはり大きく差があって」

世界経済フォーラム（ＷＥＦ）が世界各国の男女格差の状況をまとめた２０２３年版「ジェンダーギャップ報告書」によると、日本は男女平等の達成度合いで、調査対象となった１４６ヶ国のうち１２５位。２００６年の発表開始以来、順位は最低であった。

さらに、外務省の海外在留邦人数調査統計によると、２０２３年10月1日時点で生活拠点を日本から海外に移した「永住者」は過去最高の約57万４７００人を記録したが、男女別構成比を見ると、女性が約62％と男性の割合を上回っている。１９９０年時点では、永住者数は約24万６０００人、女性の割合は約54％と男女ほぼ同等であった。２０２３年までの推移を見ると、着実に女性の永住者が増加しているのだ。

専門家のなかには、こうした女性の海外永住者増加の背景には、性別や雇用形態による待遇面での格差を指摘する人もいる。海外はジョブ型雇用が主であり、基本的に性別や年齢で差別を受けることはない。その国でニーズの高いスキルや資格、一定の語学力を身につければ生活ができるかもしれない、さらに日本よりも子育て環境なども良いとなると、日本の女性たちが海外に目を向けても不思議ではないのかもしれない。

ニュージーランドで暮らす元銀行員女性は現在、語学学校に通いながら、就職活動を行っている最中だ。海外で働くことも初めて、まずは日本食レストランの面接を受ける予定だという。「今から仕事をする日が楽しみです」。女性は取材の最後に笑顔でそう話してくれた。

「お給料もいいですし、ニュージーランドはいい人も多いので、伸び伸び楽しく生活しているって感じが良いですね。皆さんを見ていると、明るい時間におうちに帰って家族と過ごしたり、友達と過ごしたり。今から仕事をするのが楽しみです」

専門スキルを磨いても給料が上がらない

次に紹介するのは、オーストラリア・シドニーで2ヶ月ほど生活している33歳の女性だ。現在、一戸建てのシェアハウスで韓国人と共同生活を送っている。新型コロナの流行前にワーキング・ホリデーを申請しており、ロックダウンの影響で渡航が数年遅れたことで33歳という年齢でオーストラリアにやってきた。語学学校に通いながら、今はまさに職探しをしている状況だという。

幼い頃から英語を学ぶ環境で育ち、社会人になってからも年に1回は欠かさず旅行に出掛けるほど海外が好きだという。学生時代に留学を検討するものの、当時は金銭的な事情から断念。社会人になって10年間コツコツと貯金して、念願の海外生活を開始した。

「ワーキング・ホリデービザを取るとしたら最終切符で、人生の中で留学はいくつになってもできるけど、海外に住みながら働く経験ができるのがタイムリミットだとしたら、行くのは今しかないと思いました。やらなかったら絶対に後悔するので、やらない後悔よりやって後悔だなと思って決意しました」

年齢的なリミットに加えて、彼女が海外にチャレンジしようと決意したのには、仕事でのある経験も影響しているという。

「病院で10年間ぐらい働いていたんですけれど、本当にたまに外国人の患者さんが来ることがあって。外国の方で日本語がしゃべれる方は少ないので、日本語がわからない患者さんが来たときに、全く英語をしゃべれないスタッフがほとんどでした。私がいつも対応していたんですけれど、コミュニケーションは最低限という感じだったので、もうちょっと話せたら、もっとうまく説明してあげられるのになっていう思いもありました」

10年間、病院で働いていたというこの女性の職種は、臨床検査技師。検体を検査機器で測定したり、顕微鏡を使って細胞を観察したりして、医師が診療を行うために必要なデータを分析するのが主な仕事であった。4年間大学で専門知識を学び、その後は国家試験に合格してようやく就くことができた職だ。しかし、その仕事は彼女が想像していたものとは違っていたという。

「検査技師もいろんな分野がありまして、私は最初顕微鏡を見る仕事をずっとしていたんですね。5年間ぐらいやってたんですけど、実際働いてみて、私の性格的にまず顕微鏡を見る仕事がちょっと違うな、というのがあって。でも一応、石の上にも3年じゃないですけど、日本にいると最低3年は働かないと、他に転職するにしても厳しいっていう、暗黙のルールじゃないですけど、そういうのもあると思って、とりあえず3年はやってみようと思いました。何事もそのぐらいの経験を積まないと、本当に合うか合わないかわからないし、4年間大学も通わせてもらったんで、とりあえずは独り立ちできるぐらいっていうんですかね、自分で生活できるレベルまではちゃんと働こうと思っていました」

業務内容への違和感を感じながらも、臨床検査技師の仕事を継続してきた女性。しかし、仕事への適性以外にも、彼女は働くなかで様々な葛藤を抱えてきたという。

「意外と検査技師のお給料ってそんなに高くないんです。一応看護師とか医者と同じ国家資格ですけど、普通の社会人１年目の給料とそんなに変わらないんですね。それで『あれっ』と思って。こんなに頑張って勉強したのに。さらに、ある部署に異動した時にパワハラのような経験もありました。閉ざされた空間で働いているので、人間関係で悪い面はありました。あと、いろんな部署を経験してきて、先輩を見ていて、きっと自分もこういうふうにステップアップしていって、将来ここ（の部署）に行ったらこういうふうになっていくんだろうなっていうのが、５年、10年働いていると見えてくるところがありました。で、私の場合だと、将来が見えすぎてしまって、その見えた先がそんなに自分にとって魅力的ではなかった。ある程度ステップアップはしていくだろうけど、なんか『違うな』というか。そのとき、ワーホリに行けるのが年齢的に結構ギリギリで『行くならもう今しかないぞ』というタイミングでいろいろと天秤にかけて考えました。先が見える未来を進むのか、どうなるかわからないけれど挑戦して何か得られるものがあるかもしれない未来だったら、どっちがいいかなっていうのを考えて、今の道に進むほうを選んだという感じですね」

厚生労働省「令和4年賃金構造基本統計調査」によると、最新の臨床検査技師の平均年収は509万円（平均年齢：39・8歳、勤続年数：11・2年）となっている。日本全国の平均年収は445万円で、比較すると、臨床検査技師は日本の平均年収よりも64万円高いことになる。一方で、技師の男女別の平均年収を見てみると、男性は561万円なのに対して、女性は482万円と、女性の方がおよそ79万円低いことになる。

「5年10年ぐらい働いて、すごく上がったな、という感じはないですね。10年ぐらい働いてやっとそれなりになった実感はありますけど、でもやっぱり3年目、5年目は本当に少ししか給料の面がなかったので。手に職つけてもこのレベルなんだなっていうのは正直ありました。逆に、今オーストラリアに来てみて、実際に何年間か住んでいる人だったりとか、結構長く住んでいる方とお話もするんですが、やっぱり年々物価も上がっているようで、けどそれに伴って給料もしっかりもらえているようなんですよね。なので、そこが日本との一番の大きな差なのかというのは感じてますね」

実は彼女はオーストラリアだけでなく、ニュージーランドのワーキング・ホリデービザも取得している。オーストラリアで勉強や仕事の経験をある程度積んだあとは、ニュージーランドに移住することも検討している。日本に帰国することや再び臨床検査技師の仕事に戻ることは今のところあまり考えていないという。

「まだ2ヶ月ぐらいですけど、チャレンジして良かったと思います。現地で実際に生活をして、まだ仕事は始められてないですけれど、そういう経験ができるのってすごく貴重だと思いますし、良かったなと思っています。臨床検査技師はひと通りやりきった感じがありまして、今貴重な経験をし始めているところで、英語を使って何か自分ができることがあれば、そういう道に進んでもいいのかなって思っています」

この章で最後に紹介するのは、24歳の女性から出た意見だ。静岡県出身で高校を卒業して5年間は親戚の店で美容師として働いていたが、今はオーストラリア・コフス・ハーバーでラズベリーやブルーベリーの収穫アルバイトをしている。最盛期は週に１３００豪ドル（約11万7０００円）稼ぎ、オーストラリアに来て1年ですでに日本で働いていた5年間の貯金を超える金額が貯まっているという。海外生活をいかにも満喫していそうだが、オーストラリアにきて最も驚いたことは働く環境の自由さだと教えてくれた。

「自由です。驚いたのが、マクドナルド。日本って『黒髪』『前髪出てちゃダメ』『爪ダメ』『タトゥーダメ』ですけど、こっちはマックのお姉さんさえピアスガンガンだし、髪の毛も赤とかだし、爪もやっているから、なんだか自由でした」

取材を通して見えてきたのは、海外に出た若者たちが現在においても将来においても、日本に対して希望が持てないという本音であった。労働の中核的な担い手である日本の生産年齢人口（15歳〜64歳）は、1995年の約8700万人をピークに減少に転じ、2023年には約7400万人まで減少してきている。仮に若者の海外流出が加速した場合は、さらなる生産年齢人口の減少も懸念される。上がらない賃金や長時間労働など、日本の労働環境を改善していかにして若者たちの流出を防いでいくのか、希望を持てる社会にするためにこれから私たちはどうしていくべきか。「海外出稼ぎ」現象は、日本社会におけるそうした課題を浮き彫りにしている。

第3章

「外国人労働者」が日本に来なくなる日

日本における「外国人労働者」の重要性

賃金が上がらない日本で働き続けることに不満が募る中で、突如始まった急激な円安。これまでの章では、それが引き金となり、海外へ飛び出そうとする日本の若者たちの動向を紹介してきた。はたして、日本に見切りをつけ始めているのは、日本の若者だけなのだろうか。取材班が注目をしたのは、海外各国から日本へ働くためにやって来た外国人労働者たちである。

少子高齢化が進む日本で、外国人労働者は今や不可欠な働き手である。厚生労働省による2024年1月の発表によると、日本で働く外国人労働者の数は2013年から11年連続で過去最多を更新し、約204万人（2023年10月時点）。これは、労働人口が減少傾向にあり、様々な国内企業が海外から働き手を確保しようとする動きを強める中、途上国を中心に〝稼げる国・日本〟で働きたいというニーズがマッチしたことが原因と見られている。

今後、日本にとって外国人労働者の重要性は、さらに高まると推測されている。202

２年、国際協力機構（ＪＩＣＡ）が気になる調査結果を発表した。それほど遠くない未来である２０３０年、日本が目標とするＧＤＰを達成するためには、現在の2倍以上となる約４１９万人の外国人労働者を確保しなければならず、さらに10年後の２０４０年には約６７４万人の労働者に、海外から働きに来てもらわなければならないという予測値を算出した。

記録的な円安と、外国人労働者の声

そのような日本社会の背景がある中で、外国人労働者が日本に見切りをつけるようになれば、あらゆる産業にとって大きな打撃になり得る。私たちは実態の調査を始めた。

２０２０年以降、コロナ禍で海外からの労働者の流入には厳しい制限がかけられていた。感染拡大防止のための水際対策の一環で、本来は増やし続けなければならない外国人労働者の受け入れを、２０２０年3月から実質2年もの間ストップしていたことになる。

私たちが取材を始めたのは２０２２年11月。外国人労働者の入国制限が徐々に緩和され、入国を待機していた労働者が段階的に入国を始めたさなかのことだった。

外国人の〝日本離れ〟の兆候をつかむタイミングとしては、やや複雑なタイミングではあった。10月には、為替レートが一時1ドル151円台後半と、対ドルで約32年ぶりの安値をつけるなど、記録的な円安傾向が進んだが、取材を始めた年末頃にはその傾向にも歯止めがかかり、為替の混乱も一息ついたか、といった頃であった。とはいえ、日本経済の不調は長年にわたり続いており、記録的な円安がきっかけとなり、日本に見切りをつけようとする動きもあるのではないか。そのような想定のもと、現場の取材を開始することとなった。

最初に接触を試みたのは、技能実習生や留学生が集まる在日ベトナム人コミュニティだった。ベトナム人は、今や外国人労働者全体のおよそ4分の1を占める、いま日本が最も頼りにする外国人労働力である。

「円安の動きを受け、日本を離れたいという声は上がっていないか」という私たちの問いに対し、ベトナム人コミュニティを知る日本人からはすぐに「日本への不満は募っている」「帰国したいというベトナム人もいるだろう」といった回答が返ってきた。そこで、コミュニティへ足を運び、日本で働くベトナム人たちから現状についての意見を聞くこととした。

ところがコミュニティにいるベトナム人に直接話を聞いてみると実態は異なっていた。「ようやく円高傾向へ転じ始めた」「ここから好転していくと信じている」。彼らが語ったのは、不安よりも今後に期待を寄せる声だった。

近々帰国する予定だという男性にもコンタクトをとったが、彼は技能実習生として満期を迎え、やむなく帰国するだけとのことだった。むしろ彼は、法改正によって２０１９年に導入された在留資格「特定技能制度」に志願し、帰国後に取得したら再び日本で働きたいと、日本での労働を熱望していた。

日本の上がらない賃金に加え、少し落ち着いてきたとはいえ１ドル１３０円台半ばを行き来する取材当時の円相場は、２０００年以降でも低い水準である。金銭面でのことを考えれば、ベトナム人にとって日本で働くメリットは低下しているはずだが、現状は異なっていた。

受け入れ機関からの回答

私たちはベトナム人コミュニティへの取材を中断し、新たに外国人労働者の〝受け入れ機関〟と呼ばれる団体を取材することとした。〝受け入れ機関〟というのは、「日本で働きたい」という外国人と「労働者を海外から募って働いてほしい」という日本の雇用主、両者のマッチングを行う企業や団体のことである。

こうした団体のホームページの多くには「ベトナム専門」「タイからの受け入れならお任せを！」といった宣伝文句が掲げられていた。それぞれに得意とする国があり、漁業や農業、介護など業種も特化しているケースが多い。外国人労働者の受け入れ機関は全国各地に点在し、相当数存在する。さらに、外国人労働者を送出する国側にも〝送り出し機関〟と呼ばれる企業や団体があり、両国それぞれの機関が出稼ぎ希望者と日本の雇用主の間に入る仲介業を担うことで国境を越える雇用をスムーズに進めている。

まず、全国各地にある機関に「外国人労働者の応募は減っていないか」「別の国で働きたいといった動きはないか」といった問い合わせを進めた。しかし、受け入れ機関への取材でも、そのような回答はなかった。

「そういった事実はありません」「求人に対する応募者は以前より増えている」。また、「マスコミの大げさな受け取り方だ」とお叱りを受けることもあった。中には心当たりのある企業を紹介してくれたケースもあったが、雇用主への取材にコマを進めると、また同様の返答で断られることが繰り返された。

事実、その段階では、あくまで「日本から離れようと考える外国人労働者が増加しているかもしれない」という想定のもとに取材を進めていたし、為替の状況も刻一刻と変わり続けていたため、確信のある取材とはいえないものであった。また、「外国人労働者は増えている」という点についても、入国規制を緩和していく中での取材であったため、事実増えているだろうとも思われた。

しかし、円安によって海外から日本に訪れて働く金銭的なメリットが低下する中で、外国人労働者たちの生活や考えに、以前と異なる何らかの変化があることは予想でき、より多くの現場の声を聞くため、その後も取材を進めていった。

日本で働く外国人労働者に直接取材をする場合、やはり正攻法としては受け入れ機関から雇用主をたどり、そこで初めて現場の声を聞く流れとなる。しかし、その最初の段階から進まない現状があった。

取材がうまく進まない要因のひとつとして、外国人技能実習生を取り巻く環境が、従来、決して良好なものではないということが考えられた。特に、技能実習生としての労働者確保が活発になった1990年代から、不当な重労働や低賃金・賃金未払い、パワハラや人権侵害といった様々な問題がメディアで報道されてきた経緯がある。あくまで想像の範囲ではあるが、雇用主側が外国人技能実習生への取材について慎重な対応を取らざるを得ないことは推測された。

東京都の池袋や、千葉県の松戸市、神奈川県横浜市の〝いちょう団地〟といった都内近郊のベトナム人街に通訳スタッフを伴って飛び込み取材を行うことも検討したが、取材に応じてくれる方に出会えたとしても、さらに取材を進めるためにはやはり雇用主との接触が避けられず、そこでまた難航することが予測された。というのも技能実習生は雇い主が用意した住宅で暮らしていることが多く、その仕事ぶりだけでなく、生活ぶりなども取材したいと考えると、管理者である雇用主の承諾なくしては極めて限定的な取材しかできないと予測されたためだ。

そうした中、ようやく取材を受け入れてくれる企業が現れた。千葉県にある特別養護老人ホームだった。

目の当たりにした〝外国人頼み〟の現場

取材を申し込むために電話をかけてみると、すぐその場で理事長に繋いでもらうことができ、雇用主本人から話を聞けることとなった。

「日本の介護業界は今、外国人なくしては成り立たない」「もっと外国人労働者が働きやすい環境を整えないと、どんどん日本から離れてしまう」。

電話口で理事長はそういった危機感を打ち明けてくれ、取材についても前向きに検討してくれるとのことで、すぐに現場へ伺うこととなった。

取材に応じてくれた施設があるのは千葉県の南部に位置する君津市。調べてみると、君津市の高齢化率は33・4％（２０２３年9月末時点）。高齢化率とは「総人口に占める65歳以上人口の割合」を指す数値であり、総務省の発表では、２０２３年9月時点での全国平均は29・1％となっている。君津市の値は全国平均を上回っており、高齢化を課題とする市町村のひとつである。

現地への最寄り駅である君津駅からタクシーに乗り継ぎ3キロあまり、田園風景の中に突如、堅牢な佇まいと広大な敷地を持つ施設が姿を現した。自動車が100台は収まりそうな駐車場も備える施設「夢の郷」である。

私たちを迎え入れてくれたのは、電話でも対応してくれた施設の理事長、天笠寛《あまがさ》さん。高齢化が進む君津で複数の高齢者施設を運営するグループの総理事長である。

天笠さんが今回の取材を受けてくれた背景には、高齢化が進む中で介護業界が陥っている極めて深刻な人手不足があるという。国が動いて人材確保の仕組みそのものを変えてくれなければ、この先、この国の介護業界は破綻してしまうと悲壮感を持って語ってくれた。

天笠さんが経営する特別養護老人ホーム「夢の郷」は、100人以上の高齢者を受け入れる大規模介護施設である。施設内は大きく3つのエリアに分かれ、要介護度の高い高齢者用に全個室で最大80名のキャパシティを持つ居住スペース、2~3泊の短期利用ができる個室が20名分、そして日中のみの利用となる「デイサービス」が受けられる大部屋は30名が過ごすことができる。さらにその隣にはグループのもう一つの老人ホームが併設され、数分歩いたところには介護サービス付きの高齢者用共同住宅がある。

施設内で働く外国人労働者への取材のために広大な施設内を案内してもらい、高齢者施設の現場を目の当たりにすると、介護業界が直面する現実を知ることとなった。居住スペース、ショートステイ、デイサービスと、それぞれのエリアを順に回らせてもらったが、高齢者たちの食事介助やトイレ・入浴のサポートなど、現場で作業するスタッフに日本人の姿はほとんど見られず、その多くがベトナム人だったのである。

ベトナム人スタッフの方々は、私たちの突然の訪問にも挨拶をくださり、質問に対しても丁寧な日本語で答えてくれた。スタッフは外国人技能実習生として来日した10代後半〜30代の女性が中心で、なかには留学生のアルバイトもいた。取材に同伴したベトナム人通訳スタッフのリンさんによると、留学生たちも、その本来の目的である勉学よりもアルバイトを重要視しているケースが多く、母国の家族に仕送りをするために留学生になることも少なくないというのである。そして卒業後は技能実習生となり、技能実習生として設定される満期3年間をさらに働くことができれば、長期間、日本で働き続けられることになる。

日本で少しでも長く働きたいというベトナム人がいる一方で、介護人材を渇望する日本人にはなり手が減少しつつある状況には驚かされるばかりである。世界有数の高齢化国で引く手あまたであるはずの介護人材がなぜこのような状況にあるのか。厳しい事情を天笠さんが語ってくれた。

「日本の労働人口は減少していますし、募集をかけてもほとんど応募がないというのが現状ですね。資格がなくても、来てから取っていただくような方法もありますので、その辺はいいんですけれど、そうは言ってもなかなか応募がないといったところです。「5人募集」と出していても、来ても1人、下手をしたらゼロというのも現状です。1人で来られても面接にはならないですよね。「本当に介護が合っているか、合ってないか」という判断をするわけですから、ちょっと介護には向いていないかなと思っても、もう入ってもらう方向に進めるようになってしまうじゃないですか。そうするとやはり質が落ちていくというのはあるのかな、と思いますね」

進む高齢化、縮む経済格差

高齢化が日本で問題視され始めたのは1970年代以降だ。前述の「高齢化率」は、一般に７%を超えると「高齢化社会」、14%を超えると「高齢社会」、21%を超えると「超高齢社会」といわれている。日本は１９７０年に７%を超え、それ以降も高齢化が進み続けている。

そのような状況において、介護を社会全体で支えるために、２０００年に介護保険制度が創設されるなどの対策がとられてきた。天笠さんによると、当時はそうした国のテコ入れが功を奏し、求人には若者たちも数多く手を挙げてくれたという。ところがその後、介護職に対する世間の関心は低下する一方で、求人に対する応募者に若者の姿はみるみるうちになくなっていったという。

実際にそういった現状を調べてみると、厚生労働省の発表では、介護職員数自体は、２０００年の約55万人から、約２１５万人（２０２１年時点）へと増加傾向にある。しかし、高齢化に伴い「介護人材の必要数」は今後も増加し続けることが予想されている。近年、頭打ちの気配が見え始めた介護職員の数を踏まえると、増加傾向であったとしてもそれ以上に膨らみ続ける人材不足を埋めることはできず、その深刻さは増す一方というわけである。

日本の介護業界で人材不足が進む中、２０００年以降、国を挙げて外国人労働者の受け入れ態勢を充実させていったことがマッチした。体力勝負の仕事も少なくない介護業界の前線では、若い力が充実する外国人労働者なくしては成り立たない構造ができたというわけである。

しかし、そうした外国人労働者の介護人材も、安定して確保し続けられるわけではないようである。２０２３年10月時点で、日本で働く外国人労働者で最も多いのは全体の4分の1を占めるベトナム人だが、２０００年頃、最も多かったのは中国人であった。中国が急速に経済発展を遂げる中で日本との経済格差が縮まってゆき、母国で日本と同等の収入、もしくはより高い収入が得られるようになると、わざわざ日本へ出稼ぎに行く理由はなくなる。やがて中国人は減少していったというわけである。

現在でも中国からの労働者はベトナムの次に多いが、都心部からの出稼ぎは激減し、主に地方出身者が増えてきたという。中国人にとって日本で働くメリットが下がっていく中で、日本の雇用主たちが次に目をつけたのが、まだ経済格差があったベトナムであった。ベトナム側も日本の技術を学ぶメリットを感じてくれたことで受け入れ側と送り出し側、それぞれの仕組みが整備されるようになり、ベトナム人による日本への出稼ぎブームが到来。あっという間にベトナムは日本産業にとって不可欠な国となったのだ。

通訳スタッフのリンさんによるとベトナムでは、日本へ出稼ぎに行くことそのものが〝ステータス〟で、日本への出稼ぎ経験者は一目置かれるようなところがあるという。収入面において技能実習生の平均月収は約18万円（２０２２年・厚生労働省）というが、これはベトナム人の平均的月収である約４万円（２０２２年・日本貿易振興機構）の約４・５ヶ月分の稼ぎにもなる。ベトナム人にとってはこの収入がもととなり、母国でマイホームを建てたり起業のための資金に充てたりするなど、夢の足がかりになりうるということである。

しかし、そうしたウィンウィンの関係はあくまで経済格差ありきの話だ。ベトナム経済は、２０２２年にＧＤＰ（実質国内総生産）成長率約８％と15年ぶりの高成長を記録、２０２３年には成長率が前年比で鈍化するなど課題も指摘されるが、依然として経済成長の只中にある。日本の経済成長が低迷していることを考えれば、ベトナム人にとって日本で働く経済的なメリットは相対的に低下していくだろう。

両国の経済格差はまだ開いてはいるが、月収18万円から仕送りができるのは、日本での高い生活費を差し引いた額である。経済格差がなくなるまでベトナム人たちは待ってくれないだろう。

この施設でも、かつて外国人労働者のほとんどは中国からの技能実習生だったというが、いつの間にかベトナム人に取って代わったという。日本人スタッフに話を聞くと、文化的な習慣の違いに戸惑うこともあったそうだ。一例としてベトナム人は首を縦に振るジェスチャーが「NO」の意味であることなどが挙げられる。中国人とのコミュニケーションに慣れてきた矢先に入れ替わってしまい、受け入れ側も四苦八苦している、と苦笑気味に教えてくれた。

そのような経緯もあり、現在、ベトナム人は日本の介護業界の重要な労働力となっているわけだが、決してその人材確保は盤石ではない。いずれベトナム人たちの〝日本離れ〟が起きうると考えられるのである。現に理事長の天笠さんはすでに、その危機感を感じ始めており、次なる人材確保のために、タイなど別の国に赴き、視察や関係性づくりに奔走している。

日本企業によるこうした動きは決して珍しいことではない。今回取材を試みた外国人労働者を雇っている農業、漁業、工場といった現場の多くで、ベトナム人の後釜としてタイ、ネパール、インドネシアなどを次なる人材確保の国として考えている雇用主が見受けられた。しかし、長期的に考えたとき、また次も同じことが起きることは明白である。また、そうした状況を脱却するためには、長年にわたって横ばいの日本の経済成長そのものにテコ入れが必要なのだと実感させられた。

では、現在、日本で働くベトナム人たちは、どのようなことを感じながら日本での労働に従事し、母国への仕送りを続けているのだろうか。

ベトナム人頼みになっている介護施設のある1日に密着させてもらうことにした。この施設で働くベトナム人たちは、グループ全体で保有する3つの施設とそれぞれの部門、複数の現場をローテーションで受け持っているため、我々取材班は、当日まで取材対象者の個別の事情などは把握していない。ランダムに取材対象の方を決めることになったわけだが、言い換えれば、取材対象となったのはあくまで日本で働いている一般的なベトナム人労働者であり、決して特別な事情を抱えた人の声ではないともいえるだろう。

シェアハウスで共同生活をするベトナム人女性たち

コロナ禍での取材ということもあり、介護施設の居住エリアとショートステイのエリアについては撮影取材ができず、基本的にはデイケアで訪れた高齢者たちが過ごす大部屋での取材に限られた。

午前9時前後に続々とデイケアに訪れた高齢者はおよそ20名。小学校の体育館ほどもある大ホールの中で4～5名のスタッフたちが見守る中、おしゃべりをしたり、パズルに熱中したり、羽子板の手作り教室に勤しむなど、各々が施設での時間を過ごしていた。

要介護度は低いが、多くの高齢者が自立して歩いたりすることが困難な様子で、トイレやシャワーの介助はもちろん、食事やお茶を運んだり、自力で食事が口に運べない利用者もいる。あちこちから助けを求める声に応じながら、4～5名のスタッフはひっきりなしに動き回っていた。

ベトナム人スタッフは技能実習生の女性2人と留学生の男性が1人。2人の女性スタッフは、他の施設で働くおよそ10人のベトナム人女性とともに、施設が借り上げた職場近くの一軒家で共同生活を送っているということだった。私たちは1日密着で取材するにあたり、より多くの声を聞くため、シェアハウスに同居する2人の女性に焦点を当てて取材を進めることにした。

20名ほどの利用者たちにくまなく目を行き渡らせ、健康体操やカラオケ大会を仕切りながら、現場スタッフの中心となっていた女性がハンさんである。「お茶いりますか？」「痛いところはありますか？」と慣れた日本語で気配りをするハンさんは、３年前にベトナム北中部から日本へやってきた20代の女性だ。出身地は首都ハノイから飛行機で1時間ほどの山間部にある地域である。ハンさんは日本で技能実習生として出稼ぎをするにあたり、他の仕事と比べて「初期費用が安く済むから」と介護の仕事を選んだという。それでもベトナムの平均月収の約5倍にあたる20万円を渡航費や仲介手数料などの初期費用に投じ、日本へやってきたという。日本で貯めたお金を元手に、２０２５年を目標に、母国で大好きなスニーカーのお店を開くのが夢だという。

そしてもうひとり、私たちが取材をしたのはリエンさんだ。ハンさんと比べるとまだ仕事に慣れていない様子であったが、カラオケ大会ではジブリ映画「猫の恩返し」の主題歌を日本語で見事に歌い上げていた。ハンさんとは同い年だが、コロナ禍の水際対策で渡航機会が失われ、２０２２年4月に来日したばかりという、いわゆる〝待機組〟だ。

利用者たちから見たハンさんやリエンさんの評判は上々のようだった。「ときどき言葉がわからないけど大丈夫」「親切にしてくれてありがたい」など、すっかり信頼を得た様子のハンさんとリエンさん。特にハンさんは食事の準備や入浴介助などをテキパキとこなす一方で、他のベトナム人スタッフに指示を送っている様子も見られ、現場のリーダー的存在であることがうかがえた。施設の理事長・天笠さんもベトナム人スタッフたちについて以下のように語っている。

「私も送り出しの会社など、いろいろなところに行ってきました。ネパールもフィリピンも行きました、カンボジアも行きました。特にベトナムは送り出すために会社が一丸となって教育をしている部分があったので、個人的な面から見たらベトナムの人たちがいいのかな、ということで来てもらっています。留学生のアルバイトなどもいるので、そうすると18歳、19歳から入ります。いちばん年齢がいっていても30代ですね。若い人たちに来てもらっているという状況です。

日本人だ外国人だとかはなくて、（利用者の方々は）本当に楽しく過ごしているのが現状だと思います。私も当初は大丈夫かなという心配もあったんですけれど、実際にやってみたら本当に喜んでもらって。むしろ外国の人たちの方がいいんじゃないかという気持ちになるくらいみなさん喜んでいます。いないともう本当に困るというのが現状です」

取材をした2023年1月7日には、年始のお楽しみとして地元プロレス団体をホールに招いてのイベントが行われた。ハンさんとリエンさんはイベントを楽しむ利用者たちのお世話に忙しい様子だったが、18時には一日の仕事を終え、自転車に乗って職場をあとにした。

私たち取材班が、「日本での暮らしぶりを見せてもらうために2人が暮らすシェアハウスにお邪魔させてもらえないか」と相談をすると、はにかみながらも同行を承諾してもらうことができた。通訳のリンさんによると、ベトナム人は日本人と比べてもシャイな性格の女性が多いということだった。

施設を出発し、農道を自転車で走ること3分ほどの場所にハンさんたちが暮らす大きな一軒家が見えてきた。同じ高齢者施設とそのグループで働くベトナム人たち10名で暮らすシェアハウスだ。一軒家の隣には小ぶりなマンションがあり、数少ないベトナム人男性スタッフはそこで1人暮らし用の部屋を借りているという。周辺には住宅もまばらで、コンビニや商店なども一切見当たらない田園地域である。

シェアハウスは広い玄関に、人数分に仕切られた大きな靴棚が設置され、廊下にも10人分それぞれのロッカーを置くことができるほどゆったりとした構えの家だった。全ての部屋を回ることはできなかったが、それぞれがかなり広めの3～4LDKの部屋で構成された2階建て一軒家である。一般住宅としてはかなりゆったりとしたつくりではあるが、10名の若者たちが共同生活を送っていると思えば、これくらいの規模は必要だろうという印象でもある。

15畳ほどのLDKには、最近、誰かの誕生日パーティーが行われたと思われる飾り付けが残されていて、金色の派手な家庭用カラオケセットも置かれていた。外国人労働者の取材を進める中で、ベトナム人のカラオケ好きの話は何度か耳にしていた。騒音によって近隣との揉めごとの種になりがちという話も聞いていたが、このシェアハウスの立地では問題は起きていないという。

ハンさんとリエンさんは、1階にある広いひと部屋を仕事中で不在にしていたもう1人を加えた計3名で自室として使用していた。室内には3つのベッドが並び、周辺には思い思いに家族の写真や趣味のポスター、ぬいぐるみなどが飾られていた。

帰宅後すぐにハンさんたちは夕食の準備に取り掛かり、慣れた手付きで調理を済ませると、テーブルの上にはベトナムの家庭料理が並んだ。君津市でベトナムの食材を手に入れることは難しいようだが、ときどき近隣の街へ足を運んでは故郷の食材をたくさん調達してくるのだという。調べてみると千葉県内の船橋市、松戸市、柏市などはベトナム人も多く暮らしているため、そういった商店も多くあるようだった。

日本の高齢者施設で3年間働き、技能実習生としてはベテランの域になるハンさんと、コロナ禍の入国制限によりやむなく待機することとなり、ようやく日本にやってきたばかりのリエンさん。同い年ながら、日本での経歴はまったく異なる2人のインタビュー取材は、食事をしながらリラックスした雰囲気で始められた。将来の夢があり、それを叶えるために遠く離れた日本へやってきた2人。賃金水準が上がらないことに加え、記録的な円安に陥る中で、彼女たちは日本で働くことに何を思うのか。

日本で働くベトナム人女性たちの本音

仕事中の彼女達は忙しく、話しかけることがためらわれたため、帰宅後のこのときが、面と向かって話を聞かせてもらう初めての機会となった。「長らく停滞し続ける日本の賃金水準や、急激に進み始めた円安についてどう感じているのか」「彼女たちの生活にどんな変化があるのか」といったことはわからないまま今に至ったため、なるべくフラットに話を聞くようにした。また、インタビューについてはベトナム人の通訳スタッフを介し、ベトナム語でのやり取りを行い、日本語に翻訳したものである。

Q．急激に進んだ円安についてどう感じていますか？（※取材当時1ドル約136円）

リエン：8ヶ月前に日本に来て、すでに円安になっていたのでそんなに変わっていません。それまではずっと日本に行くことを待っていたし、またしばらくしたら戻るんじゃないかなというふうに思っています。（家族は）「円安になったのはしょうがないので、とりあえず体だけは気をつけて無理をしないように。自分のことをしっかり考え、親のことは心配しないで、無理しないで」と言っています。

コロナ禍の来日待機を経て、2022年4月、ようやく日本への渡航が解禁されたリエンさんは、まさに急速に進む円安のさなかでの来日となった。今の状況は覚悟の上で日本にやってきたこともあり、今後の状況が良くなることを期待している様子であった。しかし数年にわたるコロナ禍での渡航制限の間、待ち続けてきたこともあり、急に進路変更をすることが困難だったという面もあるという。

一方、ハンさんはリエンさんとは異なり、日本で働き続け３年が経とうとしている。今の状況に対する受け取り方も少し違うようであった。

ハン：円はもともと１円２１０ドン（ドン：ベトナム通貨）くらいだったので、下がっても２００までかなと思ってたけど、結局１円１６０ドンくらいまで下がっちゃって。前はもっと頻繁に両替ができたのですが、今はすごく円が安くなっているので３ヶ月ぐらいに一度、まとめて家族に仕送りをするようになりました。なぜ３ヶ月に１回送るようになったかと言うと、両替のための手数料を節約するためです。

ハンさんが来日した２０２０年１月の段階で１円の価値は約２１０ドン強。これがハンさんが日本で出稼ぎをしている３年の間にみるみる下落し、取材当時で１７０ドン台と来日当時の８割ほどの価値になってしまった。最もひどい２０２２年10月には１円１６２ドンにまで落ち込み、そこから3ヶ月で持ち直すも、かつての水準は大きく下回ったままという状態である。特に2022年の1年間、日々激しく変動しながら、その価値を落とし続ける日本円を抱える彼女たちの不安はいかほどのものであっただろうか。

このような状況の中で「他の国で働くという選択肢はないか」という問いに対してハンさんは「ない」と答えた。母国の送り出し機関に多額の手数料を払い、日本語や文化にも慣れてきた中で新たな選択肢に踏み切ることは決してたやすくはないだろう。

2人の取材を行ったのは年明けの1月7日。1月下旬には〝テト〟と呼ばれる旧正月が控えていた。ベトナムの人たちにとっては元旦前後の新正月よりも旧正月のほうが1年の大きな行事であり、家族が集まり盛大に祝う国民の大型休暇となる。来日1年目のリエンさんは今年の帰省はもともと諦めていたようだが、何かと物要りになる旧正月を前に、母国の両親に15万円ほどの〝お年玉〟を送ったという。

リエン：（両親に送ったお年玉は）以前の為替水準だと3300万ドンくらいになります。円安の影響で今は700万ドンくらい低くなってしまいます。

Q．それでもお年玉を両親に送りたかったのはなぜ？

リエン：お正月ですから。（15万円は）２ヶ月分の給料にあたります。

Q．そんなに送ってしまって、自分の生活は大丈夫ですか？

リエン：夜勤もあるので。あとは節約をしているので大丈夫です。

リエンさんの実家は新型コロナ禍による社会隔離措置が行われ、経済的な大打撃を受けた地域にあり、両親はベトナムの国民食であるフォーを専門にした小さな店を営んでいる。リエンさんは日本で出稼ぎをして、５年後には1億ドン（約60万円　※取材当時）を貯めることが目標だという。そのお金を元手に両親の店をフランチャイズ化して、少しでも楽な生活を送ってもらいたいという。日課となっている家族とのテレビ電話の様子を見せてもらったが、終始店の仕事に追われながら、その合間を縫って娘との会話を楽しむ母親の姿が画面越しに見えていた。

一方、日本での出稼ぎ歴が長いハンさんは旧正月に3年ぶりの帰省を計画していたというが、円安の影響で帰国のための資金が確保できず、今年も帰省を見送ることになったという。同じく海外で出稼ぎを続けている兄とは顔を合わせられないまま、長い年月が経ってしまったという。

ハン：円が安くなってお金が貯まっていないのでまだ帰れません。お母さんに「今年は帰ることができない」と伝えると「本当？　寂しいですね」と話していました。もし来年も円がまだ安いままだったら、私はがんばります。貯金をがんばります。そして家族のところへ帰ります。家族に会いたいですから。はい、がんばりますよ。

Q．旧正月のお年玉はどうしましたか？

ハン：実家はキリスト教なのでクリスマスの準備のために12月末に一度、親に仕送りをしました。2ヶ月分で15〜16万円送りました。円安の影響で差が出ますね。両親の1ヶ月分ぐらいの給料は損をしています。

スマートフォンの送金アプリで家族への仕送りをしているというハンさんに、その記録の一部を実際に見せてもらった。比較したのは取材時に近い22年9月の送金記録と、2年ほど前の記録だ。22年には1万円多く仕送りをしているにもかかわらず、ベトナムドンに換金すると円安の影響で2割ほども目減りしてしまっていた。ハンさんは毎月欠かさず仕送りをしていたそうだが、最近は為替の変動に注意しながら、円が安いときは送金を見送り、なるべく損をしないタイミングを見計らって、まとめて実家へ送金を行うようになったという。

こういった状況はハンさんだけでなく、取材をした多くの外国人労働者から聞くことができた。一家の大黒柱として妻や子どもを養うために日本へ来ていた男性などもいたが、毎月送られていた生活費が途絶えた家族の不安は計り知ることができない。

そんなハンさんは、節約のために休日もほとんど出かけることがないという。最近は、夕食だけでなく昼休みも職場から一旦シェアハウスに帰宅して自炊をしている。部屋着は来日以来、3年間同じものを着続け、新しい洋服を買うことはほとんどないという。さらにスマートフォンは長年使用し続けた結果モニター部分が壊れ、本体から電子部品が露出した状態で、ハンさんは「いつ爆発するかわからない」と冗談半分で語ってくれた。

取材の最後に、先行きの見えない日本で働き続けることについて、今後の見通しを尋ねた。ハンさんは少し考えたあと、このように答えてくれた。

ハン：このまま（円が）下がったら、1年2年過ぎてもこのままだったら、たぶん日本に残らないで帰国をすることを考えます。

この取材の日から8ヶ月後となる2023年9月。私たちは改めて施設へ連絡をした。理事長の天笠さんにハンさんの近況を尋ねると、彼女はすでに帰国してしまったと教えてくれた。

「日本離れ」による雇用主の悩み

人手確保のために〝外国人頼み〟が進む中で、肝心の外国人の働き手たちが日本で働くことに魅力を感じなくなってしまうと、何が起きるのだろうか。

取材を試みた外国人労働者の受け入れ機関では「応募者は今も過不足なく集まっている」といった回答で断られることがほとんどであったが、取材を重ねていく中で、受け入れ機関ではなく、その斡旋先から取材に応じる旨の連絡が舞い込んできた。

取材に応じてくれたのは徳島県小松島市で、トマトを中心に、米、もち麦、小松菜やしいたけなど多岐にわたる作物を栽培している大規模農家である。対応してくれたのは、アメリカでの農業研修経験を持つ社長・樫山直樹さん。農業の担い手が減っていく中で、長年にわたり外国人労働者の力を借りてきたという。しかし、日本が出稼ぎ先として魅力を失いつつある影響が早くも顕在化し始めているという。この実態を広く伝えることが事態を打開する呼び水になるかもしれないと取材に応じてくれたという。

樫山さんが営むのは「樫山農園」。小松島市は徳島県東部にある人口約３万５０００人の市だ。２年にわたるアメリカでの農業研修で培ったハイテク農業を取り入れる樫山さんは、全国でも高い評価を得る先進的な農家の１人である。農地は１００ヘクタールを超え、１００人あまりの従業員を雇い入れる地元でも有名な大農園だ。その大所帯の４分の１を占める30人前後の働き手が、外国からの〝出稼ぎ労働者〟となっている。しかし多くの農業では１年を通して繁忙期と閑散期が交互に訪れるため、働き手を常に囲い込むことができないのが雇用主としての悩みの種である。大規模農家ともなると、忙しい収穫時期は近隣の小規模な農家から人手を集めたり、期間を定めて外国人労働者の募集をかけるなど、従業員の数の増減も入れ替わりも頻繁にならざるを得ないという。こうした農業の性質上、外国人労働者で人手をまかなう多くの業種の中でも、日本離れの影響が一足早く顕在化することとなり、我々の取材に応じてくれるにいたったと推測された。

樫山さんが雇うおよそ30名の外国人労働者は、やはりその大半がベトナム人だった。くわえてネパールやインドネシア、ウクライナなど従業員たちの出身国が多岐にわたるのが特徴だ。外国人労働者の受け入れについて取材をしてきた実感として、人手確保が難しくなるにつれ、GDPの低い〝貧しい国〟へと対象が変わっていく傾向にあるように思う。雇い主にとっては賃金を低く設定しても、働き手にとっては母国での労働の数倍の収入が見込めるため、働くモチベーションは高くなる。その反面、日本語の習得率が低いなど、労働者としての基本的な知識やマナーが身についていないといったデメリットも許容せざるをえなくなる。樫山さんは団塊の世代が引退をし始める5～10年後には、この人手不足にさらに拍車がかかると見込んでいる。

樫山さんが異変を感じ始めたのは２０２２年の春、コロナ禍の外国人労働者の制限が緩和され、多くいるはずの入国を待機している人たちから、改めて労働者確保に乗り出し始めたさなかであった。

「ウェブ会議で面接をしたんですけど、４人採用しようと思ったうちの３人が途中でキャンセルになりました。向こう（応募した外国人労働者）からですね。その後、もう１回面接で３人を選んで４人にしたんですけど、そのうち２人がキャンセルになって、最終的にどなたでも良いので４人構えてほしいということを先方（受け入れ機関）にお伝えして４人にしていただいた経緯もあります。韓国や台湾のほうが（日本よりも雇用の）条件が良いとかチラホラ聞きます。台湾に行って実習期間が終わったあと日本に来る、要するに一番が台湾とか韓国で、同じ国に二度行くことができないので、その後に（日本に）来るというふうに研修生からは聞いたりもしていますね」

樫山さんがこれまでに多くの外国人労働者を雇用してきた中で、採用の基準として最も重要視していたのは日本語能力であった。しかし今回は応募者からのキャンセルが相次いでしまい、最終的に決まった４人のベトナム人たちは皆、日本語をほとんど話すことができないという。

ベトナムから日本に来る外国人技能実習生が増加し、日本のあらゆる産業でベトナム人頼みとなった背景には、賃金格差によるお互いのメリットに加え、労働者をスムーズに日本へ送り出せるようにベトナム側で研修制度を整えていたことが大きい。母国を発つ前に送り出し機関で6〜12ヶ月の準備期間を設け、日本で働く上での基本的なスキルや文化を学び、一定の日本語力を身につけた上で来日する。日本の雇用主にとっては最低限の能力が担保され、労働者にとっては雇用先での不安が減るという両者にとっての安心材料になっていたのである。取材中、多くの雇用主が採用にあたって日本語力を重要視していた。より語学力の高いベトナム人を採用できれば、日本人労働者のグループとベトナム人のグループとのコミュニケーションの要にもなりうるからである。残念ながら取材の中では日本人側にそのレベルの語学力を身につけているケースは見受けられなかった。

今回の撮影取材ではトマトの収穫現場を見せてもらった。日本人とベトナム人、それぞれ10人ほどで取りかかる収穫作業は予想以上に会話が少ない静かな現場で、黙々と進む作業の中でコミュニケーションの架け橋を担っていたのは日本人スタッフが持つスマートフォンの翻訳機能であった。昼休みになると日本人とベトナム人は自然と二手に分かれ、それぞれのグループで食事に出かけていった。

ベトナム人が日本に来なくなる？

語学力低下という実務に直結する点を妥協しなければならない。そして採用できた労働者の年齢がみな30歳前後であることも無視できないことのひとつだと教えてくれた。農作業をする上で働き盛りとも思える年齢層ではあるが、樫山さんは気になることがあるという。

以前、実は中国からの労働者を入れていた時もそうなんですけど、中国の方々も、最初の頃は10代後半から20代前半の方が入ってきたんです。母国の賃金水準が上がっていく中で若い方が来なくなってくるんですよね。若い人たちが東京とか名古屋、大阪とかの工業系に行きだして、まず農業に来なくなってくるんです。終盤では40代の女性だったりするんですけども、そういう意味ではベトナムも同じようなトレンドをたどっている感じはしています。今年入ってきたのは30代の人が多いですし、現地の賃金が上がっているというのも聞いていますし。

1990年代から日本での外国人労働者が急増し始め、その中心を担ったのは中国人であった。樫山さんも当時、主に中国からの労働者を受け入れていたが、2010年代前半にその割合が半数に迫ったのをピークに、以後は減少の一途を辿っていった。その過程で樫山さんの農園では、まず出稼ぎにくる労働者の年齢層が上がり始め、それとともに採用者の語学力が低下。応募者が40代中心になったのを最後に、中国からの労働者は来なくなってしまったという。特に若者は都心での暮らしを希望することが多いため、地方に集中する農業や漁業では早い段階でそういった傾向が現れ始める。

取材当初、日本の様々な受け入れ機関や企業で「応募者は過不足なく集まっている」と回答された経緯は紹介したが、それは樫山さんのような厳しい現実に直面していないという可能性もある。しかし、外国人労働者の中心が、中国人からベトナム人にシフトしていった経緯、そして樫山さんの農園の現状を踏まえると、今後、日本のあらゆる産業からベトナム人の姿がなくなっていく可能性は十分に考えられる。

私たちは外国人労働者の雇用主である樫山さんへの取材をする一方で、ベトナムからの労働者や留学生たちのために就職斡旋や労働者教育を行う在日ＮＰＯ法人にもコンタクトをとった。話を聞くことができたのは、長年にわたってベトナム人の〝日本への出稼ぎ〟の動向を見守ってきたベトナム人女性の担当者である。彼女によると、日本で働くことは、かつて多くのベトナム人にとってステータスのひとつであったのは確かであるが、最近ではそういった風潮に変化が出てきているという。

▼ベトナム人担当者の話

この10年間、ベトナムでは日本に行くのはブームでした。その一つの理由は経済的な理由ですね。日本で働いて稼いで、そして帰国して自分のビジネスや事業を立ち上げたりする方が多いです。昔は日本の最低賃金でもベトナムの5～7倍くらい高かったんですけれど、最近は3倍くらいと、そこまででもない業界もあります。円安＋経済発展のスピードの差など、それで比べていって、やはり日本に行くことのステータスが低くなっているというのはよく聞いています。

私たちも、本当に日本に行きたい人や、優秀な人たちを選抜して日本の企業に紹介しているんですけれども、声をかけても宣伝しても「そんなに魅力的じゃなくて」というふうになってきたことは感じていますね。定員を確保することも難しいという状態になっています。政府や日本の企業さんも、いろいろな施策をやって、外国人の人材に対して魅力的なものを出さないとと思っています。悲しいですね。私たちも日本の大ファンですけれど、悲しいです。

同様にベトナム本国の送り出し機関の代表にも話を聞くことができたが、現在、日本への出稼ぎに応募をかけても、規定数に達しないことが珍しくなく、彼はインタビューの最後に「ブームは終わりました」と言い切っていた。

第4章

外国人労働者を受け入れる試み

外国人労働者の人材確保

第3章では、外国人労働者の「日本離れ」を懸念する現場の声を取り上げた。そんな中、新たな制度を活用することで人材確保に乗り出し始めた会社があると聞き、私たちは東京・南青山にある人材派遣会社を訪ねることにした。

3階建ての真新しい外観のビル。インターホンを鳴らすと、早速取材に応じてくれる役員2人が出迎えてくれた。1人は黒いハットを被っており、もう1人はアロハシャツ姿。ベンチャー企業らしい、なんとも自由な社風を感じさせる。入り口のすぐ近くでは、ソファに座って会議をしている若い社員の姿もある。主な仕事場である2階では、10人ほどがパソコンに向かって作業をしている。見たところ女性社員の比率が高く、そのなかにはアジア系の外国人の姿もある。

取材班が案内してもらったのは3階の会議室だ。中央に大きなテーブルが置かれ、壁にはモニターが備え付けられている。普段この部屋は社内のリモート会議などで活用しているという。名刺交換を済ませて、早速取材が始まった。

最初に、いつも自社について説明する際に使用しているという事業概要の資料を見せてもらった。計30枚ほどのスライドに、会社設立の経緯や事業概要、技能実習生を取り巻く現状などが記載されていた。

この人材派遣会社の事業の最大の特徴は、外国人労働者を活用した「産地間連携」という取り組みだという。「産地間連携」とは、北は北海道、南は沖縄まで、全国各地を渡り歩くように外国人労働者を派遣していることを意味している。

真冬の北海道では農作業がほとんどない一方で、沖縄ではサトウキビの収穫が繁忙期を迎えるように、日本の農業は地域や時期・作物によって、必要な労働力にどうしても偏りが生じてしまう。そこで、各地の繁忙期に合わせて外国人労働者を派遣することで、効率的に働ける仕組みを構築しているのだ。

なぜ、この事業が注目されているのか。それは、外国人労働者たちにも雇用主にもメリットがあるからだという。これまでの技能実習制度では、原則、通年雇用が条件だった。つまり、外国人労働者は一つの雇用先でしか働くことができず、仮に賃金不払いがあったり、労働環境に問題を感じたりしたとしても、雇用先を変更することはできなかった。そのため、外国人労働者の失踪などが頻繁に起こってきたのである。この「産地間連携」という事業によって、様々な就労先で働くことができ、より好待遇な労働環境を求めることもできるようになったのである。また、雇用主にとってのメリットは、農業や漁業の限られた繁忙期に、スポット的に外国人労働者を雇うことができて、通年で給料を支払う必要もなくなり、経済的負担を減らすことができるようになることである。

「農繁期ってそんなに長くないんです。長くても半年ぐらいですね。農家さんって、その半年間に大量の労働力が必要なのですが、以前の仕組みでは通年雇用しないといけない。必要な時も必要でない時も雇用しないといけないので、一人一人雇うというのは、やっぱり負担が大きいですよね。ひどいところになると、農繁期とそうでない時の労働力の需要の差が100人というレベルのところもあります。そうなってくると100人の通年雇用はかなり重たいので、雇用できないから短期のアルバイトさんに頼るという状況になるのですが、アルバイトが集まった時期は良かったんですけど、今は、どこに行ってもアルバイトさんが集まらない。その課題の解決策の1つの方法として、我々としては今の事業に取り組んでいる状況です」（人材派遣会社「YUMIE」・上野耕平代表取締役社長）

このような事業が可能になった背景には、２０１９年４月から開始した特定技能制度がある。これまで主流であった技能実習制度では、原則として通年雇用が条件であったが、特定技能制度では「転職・転籍」が可能になったため、様々な雇用先を転々としながら働くことができるようになった。

現在、この人材派遣会社で雇っている外国人は全て特定技能の在留資格を持っている。制度開始以降、その数は年々増え、２０２３年11月時点で５００人を超えるまで拡大中。国として最も多いのはインドネシア、次にカンボジア、ミャンマーと続き、アジアの発展途上国から主に出稼ぎを目的に働きにやってくるという。

「間違いなく派遣という需要は大きいと思います。例えば北海道だと、夏場は労働力が必要とされますが、冬場になると今度は雪が降るので、どこかに出稼ぎに行かないといけなくなる。その繁閑の差を埋める仕組みというのは、今の日本にはないので、そういう意味では派遣事業はこれからどんどん増えていくでしょう」

技能実習生から特定技能へ

すでに、技能実習生主体から特定技能の外国人労働者に移行を始めている現場もある。約2ヘクタールの温室でトマトの栽培を行っている、山梨県北杜市の農園。今、この農園を悩ませているのが深刻な人手不足である。収穫期には80人の働き手が必要だというが、年々その人材の確保が難しくなってきている状況だ。

「やはり年々雇用状況は悪くなるばかりで、なかなか人を雇える状況ではなく、募集に対して人が集まらない状況になっています。人口が少ない土地ですし、農業の発信が弱いという部分もあります。また、高齢者の方が基本的には多い土地です。そのうえ、この地域ですと精密機械の工場もあったり、雇用条件がいいところもたくさんあるので、やはり農業に新規雇用で入ってくる人が少なくなっています」（明野農園・藤巻公史代表取締役社長）

人手不足解消のために、２０１６年から技能実習生を雇用し始めたこの農園。これまでベトナム人の技能実習生を雇ってきたが、やはりこの農園でも働きにくる彼らの変化を肌で感じてきた。

「技能実習生自体も、私たちが受け入れた２０１６年度当初は、募集に対して数倍の応募があったり、その中でも大学を卒業した方や、とても若い方で労働や研修自体に意欲がある方が多かったです。しかし近年では、やはり顕著に現れていて、募集しても募集人員のギリギリだったり、むしろそれに届かないようなことも多々あります。また、年齢層もちょっと高くなってきていますね。優秀な人材を確保するというのはすごく難しくなってきていると思います」

この農園で２０１６年から技能実習生を雇い始めてまだ7年。学歴や年齢の変化を感じているというが、ここでもやはり大きな原因は円安だと見込んでいる。

「いろいろな要因があるとは思うのですが、やはり彼らは稼ぎに来るのが主な理由だと思うので、円安によって日本の魅力が落ちてきているのも大きなことでしょう。例えばオーストラリアなども受け入れが可能になったと聞いているので、ほかの魅力ある国に行くということもあると思います」

外国人労働者をどう確保していくのか、その対応に悩んでいたときに紹介を受けたのが、前述の人材派遣会社の事業であった。繁忙期にのみスポットで雇うことができるため、気軽に導入することもできたという。2023年から、トマトの収穫最盛期である5月から8月の4ヶ月間、特定技能の外国人労働者7名の受け入れを始めた。

「とても良かったですね。言い方がいいのかわからないんですけども、やはり農業というのは年間で雇用創出することがすごく難しい。特にトマトだと、日射量の影響を受けやすいので、冬場の収量が落ちてしまう。その繁忙期の差でいうと、3倍くらい人の出入りが出てしまう。終年で囲おうとなると、無理をして冬場の雇用を創出したり、作業を作ったり、無理が生じている状態になります。それがなくなるというのはやはり健全というか、企業としてはすごく利便性が高いと思っています」

この農園の代表は、今後はより特定技能の外国人労働者を増やしていきたいと考えているという。そのために、最低賃金にさらに上乗せさせ、日本人と同等の給料を支払うなど、外国人労働者に「選ばれる」ための改善に取り組んでいる。

「これから先、企業として、国として、力を持ちたいのであれば、やはりお金で、しっかりと優秀な人材を、どの国かによらず入れていくというのは、絶対的に必要ですね」

外国人労働者の世界的争奪戦

特定技能の外国人労働者を使った事業を展開する人材派遣会社では、円安の影響が人材獲得にも影響を及ぼしている。しかし、実際に外国人労働者を獲得しようとするなかで、影響があるのは円安だけではないという。それは、日本以外の世界各国の動向だ。

「韓国は間違いなくインドネシア人材を採用しにきていると、以前現地に訪問した時も担当者がおっしゃっていました。なおかつ、お隣のマレーシア、あと中東やヨーロッパは、インドネシアからかなり送り出してると話していましたね。これは別にインドネシアに限らずだと思うんですね。ベトナムもそうですし、中国はわからないですけど、今までの競争相手とは違う国からニーズがどんどん増えてくるっていうのは、実際、起こっていることでしょうね」

日本の民間企業が世界41ヶ国・地域の雇用主3万9000人を対象に実施した2023年の調査では、人材不足を感じている雇用主（世界平均）は、前年比2％増の77％に達し、調査開始以来、最も人材不足が深刻な結果となった。日本では、前年比4％増の78％となり、2年ぶりに世界平均を上回っている。

世界的な人材難で各国が受け入れを加速するなかで、人材派遣会社の上野耕平代表は今後の日本の動向についても危惧している。

「特定技能1号が始まったのが2019年で約5年前なので、その頃から比べても円の価値が下がってきている。円の価値が下がったら、一気に日本離れが起きるというような状況までは来ていないのですが、これ以上下がっていくと、やはり他の国の方がいいんじゃないかという人達はたくさん出てくるでしょうね」

世界的な人材争奪戦のなか、いかに日本で外国人労働者を受け入れていくのか。この人材派遣会社では新たな地域にも注目している。それは、アフリカ地域だ。

２０２３年10月、千葉県旭市の農園にやってきたのは、４人のマダガスカル人。彼らは全員、日本語試験にも合格し、２０２４年春から特定技能制度を使って日本で働く予定である。この日は、人材派遣会社が研修の一環として招待したのだ。

交流のあるトマト農家や畜産農家の他にも、人材派遣会社が保有する農園でトラクターに乗車したり、機械を使って肥料をまく体験をするなどして、日本の農業現場を丸一日体験することが狙いだ。

「日本の経済状況が悪くなって、アジアから人が来なくなったときに、『来ないならそれでいいんですか？』となると、途端に日本の一次産業は壊滅してしまいます。

我々としては第二、第三の選択肢を持っておかないといけない。人がいないから作業しなくていいよ、という世界ではないので、そこの担保は押さえておきたい」

取材中、マダガスカル人は日本の技術にとにかく目を光らせていた。動きもとても丁寧で、実際に働く姿はすぐに想像できると人材派遣会社の役員も感心するほどだ。取材の最後にインタビューをお願いすると、はきはきとした日本語で答えてくれた。

「日本の農業は技術があるので、ぜひ働きたいです」（20代のマダガスカル人）

外国人労働者に選ばれる環境づくり

今後も外国人労働者を日本で受け入れ続けるために、この人材派遣会社では新規開拓だけでなく、現在日本で働く外国人労働者の環境改善にも取り掛かっている。上野代表によると、その一つが、昇給制度だという。

特定技能1号では、現在の制度だと通算で上限5年まで日本で働くことができる。1年目、２年目、３年目、４年目と毎年同じ職場で働く外国人労働者には、例えば１年ごとに月給に１万円を上乗せするなどして、モチベーションアップにつなげている。また、送り迎えを担うドライバーの外国人や働きぶりが優秀な外国人にもその都度、昇給ができるようになっている仕組みだ。

「昇給は随時しております。ただ、我々は彼らが働いている現場を直接見ているわけではないので、できるだけ農家さん、クライアントさんにお願いして『彼らの働き具合はどうですか？』とヒアリングさせていただいて、それを元に昇給していっています」

もちろん、昇給や外国人労働者に指揮を任せるには外国人労働者を雇う農家やクライアントの理解も必要になってくる。貴重な外国人労働者を受け入れるために、賃金アップや住環境の整備に積極的に取り組むなど、最近は雇用主側の理解も徐々に進んできているという。

「例えばベトナムの人にはベトナム人コミュニティがあって、その中でいろいろな募集要項が飛び交っているんですよね。少しでも給料のいいところに行きたい、待遇がいいところに行きたいと、それを常に見ている状況でしょうね。そういう意味では、賃金が低いから他社に行かれてしまうというのは弊社としても非常にダメージが大きい。本当に仕事が合わないのであれば転職していただくのは構わないのですが、農家さんにもお願いして、一定の基準を超える熟練度がある人たちに関しては給料を上げてもらう交渉はいつもしている状況です」

さらに、外国人労働者のモチベーションアップのために取り組んでいるのは、昇給だけではない。経験豊富な外国人労働者には現場の指揮も任せ、新人教育なども任せるのだ。

例えば、この人材派遣会社が派遣した外国人労働者が働く北海道・浦幌の大根農家では、外国人労働者同士で教え合う光景が生まれている。実際に取材した日は、新人のインドネシア人が4年目になるというカンボジア人に日本語で指導を受けていた。

「外国人労働者のなかには農家さんの右腕ぐらいになって、我々の中でもリーダーと言われる方たちもいます。彼らは当然のことながら、新しく来たスタッフを指導する流れになってきているのは事実ですね。やはり、現場のリーダーに志願する人数とモチベーションの高さという意味では、日本人より外国人の方が圧倒的に高いというのが我々の中ではもう明らかな事実です」

新たな地域への新規開拓、昇給や現場のリーダーを任せるなど、外国人労働者受け入れのために奔走する人材派遣会社。しかし、それだけでは十分ではないという。さらに必要なのは社会の意識を変えること、そして地域でともに暮らす仲間として受け入れる環境づくりも大事だという。

「積極的に地元の活動、例えば盆踊りだったりには出るようにお願いしているんですよね。一度喋ればいい子達だってわかってもらえるんですけど、『道で毎日すれ違うけど、あの人たち何してるんだろう？』といったお互いの理解不足が進めば進むほど、地域としては外国人拒否という話になってしまうと思うので、積極的にもっと出ていって交流してほしいと農家さんにもお願いしてますし、本人達にも伝えています。受け入れ側としても、外国人労働者は同じ仲間なんだという意識で受け入れてくれる雰囲気づくりというのがすごく大事なんだと思います」

「海外出稼ぎ」現象の背景と、日本経済の未来

interview

渡辺努

東京大学大学院経済学研究科教授。東京大学経済学部卒業。日本銀行勤務、一橋大学経済研究所教授等を経て、現職。株式会社ナウキャスト創業者・技術顧問。ハーバード大学Ph.D.。

専門は、マクロ経済学（特に物価と金融政策）。著書に『物価とは何か』（講談社選書メチエ）、『世界インフレの謎』（講談社現代新書）などがある。

労働者の「静かなストライキ」が始まった

近年、メディアの報道で「円安」と「インフレ」という言葉をよく耳にするようになりました。本書のテーマである「海外出稼ぎ」つまり「賃金が上がらない日本から脱出し、海外に行く若者」が増加した要因はまさしくそこにあります。

なぜ日本の賃金は横ばい状態が続いているのか？　世界的なインフレはいつまで続くのか？　本稿では経済的な側面から、その原因を読み解いていきます。

２０２０年代に入ってから欧米では激しい労働ストライキが幾度も行われ、その繰り返しによって労働者の賃金も上がっていきました。ストライキとは、労働者が会社と対等な立場で交渉するための争議行動を意味します。争議行動は国際人権規約で保障されている労働者の正当な権利であり、もちろん日本の労働者も例外ではありません。

しかし、近年の日本ではそうしたストライキがほとんど行われなくなっているのが現状です。２０２３年夏、そごう・西武で労働組合員である約９００人がストライキを行いましたが、百貨店ではこれが実に61年ぶりとなるストライキとなりました。日本で大々的にストライキが行われなくなったことの象徴的な事例と言えるでしょう。

なぜ日本企業ではストライキが行われなくなったのか。その理由は後述しますが、労働組合が経営者に賃上げ交渉をしなければ賃金は据え置きとなり、賃金に満足できない労働者は他の企業へと流れて行きます。その流出先のひとつとして、近年は海外出稼ぎという選択肢が浮上してきました。面と向かって経営者と交渉したりストライキで異議を示したりするのではなく、何も言わずに別の場所へと去って行く。この行動選択を「労働者の静かなストライキ」と捉えることもできるでしょう。

海外を選ぶのは「モビリティ」が高い労働者

本書のもととなったＮＨＫ「クローズアップ現代」の番組「安いニッポンから海外出稼ぎへ」では、海外で就労することを選んだ20～30代の若い労働者にスポットライトが当てられましたが、「静かなストライキ」を行使しているのは若年層に限りません。現実には日本のあらゆる業種、あらゆる世代で静かなストライキがすでに起きています。

大学卒業後に日本の大企業に入社した優秀な技術者が、ほどよく成長した頃合いになるとグローバル企業に桁違いの年収を提示され、続々と引き抜かれていく。そんな事例が最近は珍しくありません。

技術職や寿司職人のような特技がある人は、国や場所が変わってもやることはそう変わりません。そうした人々はスキルのポータビリティが高いため、モビリティ（移動性）も高い。

学術研究者も同様です。研究者にとっては英語で書かれた論文こそが仕事の成果ですから、その客観的な評価が収入と比例します。1990年代後半頃までは、スタンフォードやハーバードのような名門大学で修士や博士課程を修めた日本人の研究者が東京大学からオファーを受けた場合、ほぼ100%が帰国して日本で研究を続ける道を選んでいたといっても過言ではありません。学ぶのは海外でも、働くのは日本というパターンがかつては圧倒的多数派でした。

ところが世界的にインフレと賃上げが進む一方で、例外的に日本だけが給与が上がらない状況が10年、20年と続くと、海外で働くことを選ぶ研究者が徐々に増加していきます。海外で働いたほうが年収が2～3倍も高くなるのであれば当然の流れでしょう。国内外で賃金の格差は開き続ける。それを調整しようとするのであれば、人が動くしかないからです。このように、どこへ行ってもスキルの価値が消えない人たちや、若年層のようにフットワーク軽く動ける人たちが海外で就労する流れは、今後さらに加速していく可能性があります。

しかし、だからといって誰もが日本を出て海外で働くべきだとまでは安易に言い切れません。日本で受けた教育や培った経験やスキルを全て無にして、短期的な高給のためだけに海外で細切れの仕事に従事しても、得られるものは結局のところ多くありません。教育投資の成果がゼロにされるという意味では、日本経済の視点からも明らかに損失です。こうした問題点は今後さらに浮き彫りになっていくものと予想されます。

日本人は「労働者としては弱い」が「消費者としては強い」

ここまでの現状を踏まえた上で、なぜ日本企業ではストライキが行われなくなったのかという問いに立ち戻りましょう。

大きな要因は、日本人が持つ2つの権利意識のアンバランスさにあります。

ひとつは、労働者としての権利意識の乏しさです。これまで多くの日本人は提示された賃金を受け入れることを当然だと思って働いてきました。それゆえ、ストライキという正当な権利を行使する力が弱い。厳密には権利意識そのものが弱いというよりも、給料が安いことを不満に感じていても、その不満をストライキのような形で表現する力は弱い、と表現するのが正確でしょう。

ところが、日本人は消費者としての権利意識は非常に強い。1円の値上がりであろうとも強硬に反発し、「値上げするなんてとんでもない企業だ」と非難する。価格を上げさせまいとする意識が非常に強いのが日本の消費者の特徴です。値上げをしている店での購入をやめて、少しでも安い店へと流れていく行動パターンを取る人も少なくないでしょう。物価が落ち着いていることに安心感を抱き、「今日の価格は明日も同じはずだ」と固く信じている。国民全体のインフレ予想の低さは日本特有のものと言えます。

労働者としての権利意識は弱いが、消費者としての権利意識は極めて強い。

この2つの権利意識のアンバランスさこそが、日本社会が抱える問題の根本にあるのです。

近代日本の労働者を取り巻く状況にも目を向けてみましょう。戦後の復興期を経て1970年代から90年代前半くらいまでは、日本の労働者の賃金は他国と同じように右肩上がりを続けていました。

ところが、1995年を過ぎた頃から日本の労働者の賃金だけが横ばい状態となってしまいます。他国は引き続き右肩上がりの上昇を続けているにもかかわらず、日本だけが取り残されてしまった。その状態が二十数年続いた結果、現在のような日本と他国との賃金格差が起きているのです。

日本と海外の「賃金格差」が起きた理由

1995年は日本にとって今とは正反対の円高の年でした。4月19日には1ドルが79・75円となり、当時の最高値を記録。背景にあったのは日本の対米貿易黒字によるアメリカのドル安・円高容認政策でしたが、それによって何が起きたのか。日本の賃金をドルに換算したときに、「日本の労働者の賃金は世界トップクラスで高い」という、今とは正反対の現象が起きていたのです。

しかし、当時の日本企業にとってこうした円高は決して望ましいものではありませんでした。なぜなら同時期に顕著な経済成長を遂げていた中国は、日本とは比べ物にならないほど安い給料で労働者を働かせられる優位性があったからです。

安いコストで労働者を働かせられる中国やアジア諸国と比べると、日本企業は人件費のコストが高すぎる。このままではグローバル競争に勝ち抜けなくなってしまう。そうした懸念から日本経営者団体連盟（日経連）は経済界や各業界のリーディングカンパニーに働きかけ、賃下げは無理でもせめて円建ての賃金は上げないという方針を固め、労働組合側にも理解を求めたのです。

労組側としても、親会社がグローバル競争に負けてしまっては元も子もないと考えたのでしょう。以降、労組側は大幅な賃上げを求めづらくなっていきます。その後も97年には山一證券の破綻により金融危機に突入、雇用状況がさらに厳しさを増し、非正社員比率の上昇やコロナ禍の打撃などを経て、春闘はますます形骸化することとなり、今日に至るまで日本の労働者の賃金は横ばい状態が続くこととなりました。

「急性インフレ」と「慢性デフレ」、2つの病

労働者の賃金が上がらない・上げられない。この状況が長らく続いたことで、多くの企業も価格の据え置きを維持する道を選びます。値上げを嫌う消費者から敬遠されることを恐れたからです。結果、日本は賃金と価格の両方がまったく動かない、世界でも珍しい国となっているのが現状です。

2021年以降はガソリンや電力などエネルギー関連の価格が急騰し、世界的な物価高を受けて急性インフレが進みましたが、「価格据え置き慣行」の日本では並行し

て慢性デフレも起きています。つまり急性インフレと慢性デフレ、２つの病を抱えているのが現在の日本なのです。

急性インフレを抱えている欧米では、金融引き締めによって手を打ちました。需要量を落として物価を下げる、いわば荒療治によって急性インフレに対応したのです。

一方、急性インフレと慢性デフレを同時に抱えている日本が金融引き締めに走ると、慢性デフレのさらなる悪化を招きかねません。とはいえ、原材料価格の高騰が長期化するなか、２０２２年に入ると日本企業もおそるおそるコスト上昇を販売価格に転嫁する動きを強めていくようになりました。もちろん、消費者にとって値上げは好ましくありませんが、原材料価格の高騰を価格に転嫁する動き自体は企業として極めてフェアな行為です。

では、日本国内において価格の上昇は今後もずっと続いていくのでしょうか。

結論から述べると、私は「一応の峠は越えた」と見ています。インフレ以前の価格に戻ることはなくとも、食料品等の価格に関しては、今後の上昇率はゆるやかに落ちていく可能性が高いでしょう。

ただし、これは物理的な商品の価格に限った話であり、ホテルやレストランの接客業、音楽ライブの価格など人件費が発生するサービス業全般の価格は２０２４年以降も引き続き上昇していくと考えられます。

少子高齢化の日本においては今後も深刻な人手不足が懸念されています。それを解消するためには労働者の賃金を上げていくしかありません。すでに大企業では賃上げ率が上昇しており、２０２４年の春闘に向けて労働組合は高い賃金上昇率を求めることが予想されます。初期の頃は「モノ」だったインフレの主役が、「サービス」にバトンタッチしたとも表現できるでしょう。

日本人の所得が海の向こうへ逃げていた

輸入しているエネルギーや原材料の価格が上がっているから、物価も上昇した。一方で、大企業はさておき、中小企業は取引先の反応を怖れ、なかなか思い切った値上げに踏み切れずにいます。収益が上がらないから、労働者の賃金も上げられない。こうした構造によって、日本の労働者の所得が約30兆円相当も海外に流出しているという見方もあります。

これまでは長らくその状態が続いていましたが、２０２４年のどこかのタイミングで物価の値上げが食い止められ、実質賃金が上昇していけば、日本社会の実感も徐々に変わっていくでしょう。急性インフレと慢性デフレ、２つの病を患っていた日本経済にようやく光明が差しつつあります。希望的観測を述べるならば、10年後に振り返ったときには「22年から23年にかけてが一番厳しかった」と総括できるのかもしれません。

現状に至った要因を分析するならば、政府や日銀の経済政策よりも海外事業を展開する大企業の切実な危機感のほうが大きいでしょう。

２０２３年初頭にはユニクロを運営するファーストリテイリングが、社員の年収を最大４割まで引き上げる大幅な賃上げを行いました。海外のグローバル企業に負けない給与水準にすることが必要不可欠だと同社の柳井正会長が判断したからに他なりません。

こうした大企業の決断は、日本の中小企業を取り巻く空気にも少なからずインパクトを与えているはずです。

海外出稼ぎをする若者が増えている事実がメディアで報道されることも同様です。

「海外のほうが高収入を得られるのであれば、自分たちだって本来はもっと給料をもらえていいのでは？　賃上げ要求をする権利があるのでは？」。日本の労働者がそのような視点を新たに持つようになれば、人材流出を防ぎたい企業も労働者のニーズに歩み寄ろうとするはずです。

そうした好循環が少しずつでも積み重なり、社会の雰囲気が変わっていけば、ガラパゴス化していた雇用状況も改善の方向へと進んでいく可能性が高くなります。人や情報の往来が盛んになった現代において、いつまでも日本企業だけが「賃金は上げない」と主張しても今後は通らなくなっていくでしょう。

外圧が「ノルム」を叩き壊した

結局のところ、慢性デフレに悩まされて膠着状態にあった日本の経済状況を変えたのは2020年代以降に起きた急性インフレでした。世界的パンデミック、ロシアによるウクライナ侵攻、その影響を受けての物価高など、神風のようにやってきたインフレという桁違いの「外圧」が変化を後押ししたのが実状です。

賃金や物価が上昇しないことを前提とした社会通念や慣行、いわゆる「ノルム」がとりわけ強固にこびりついていた日本社会をようやく変えてくれたのは、国内の施策ではなくやはり外からの要因だった。そう聞くと複雑な思いに駆られる日本人も多いかもしれませんが、歴史を振り返るとやはりそうした変化の有り様が日本人の国民性であることは否めません。

外圧によってリセットされ、ゼロから再び開発していく。俯瞰的に見れば外圧を前提に新陳代謝が繰り返されているのが日本社会なのです。

逆に言えば、日本人は外圧という名の試練にその都度適応し、乗り越えてきたとも言えます。長い目で見れば現在の日本経済もそうしたパターンのひとつなのかもしれません。

2024年以降の日本を待ち受ける2つのシナリオ

では、この先の日本経済を待ち受けているのはどのようなシナリオでしょうか。大きく分けて2つの展開が予想できます。

ひとつは、現状の好循環がうまくいくケースです。物価は上昇率2％程度までゆっくりと上昇し、賃上げ率は3％程度まで安定的に上がっていく。2024年の春闘が上手くいけば、そうした希望が持てる展開は十分にあり得るでしょう。ただし、二十数年かけて広がった海外との賃金格差はそう簡単には縮まらないと考えたほうが現実的です。

もうひとつのシナリオは悲観的な立場からです。価格の据え置きが依然として続き、それと連動するように賃金の据え置きも継続していく。そうなる可能性も五分五分であると私は考えています。外圧が日本人の強固なノルムを吹き飛ばしつつあるのは事実ですが、一方で日本人は慣れ親しんだものを変えることに強硬に抵抗する側面も持っています。「昔はよかった」の一言に集約されるノスタルジー願望と言ってもいいでしょう。

インフレが続くことで預金資産が目減りするのであれば、そんなサイクルはいっそないほうがいい。物価が上がらなければ資金も目減りせず、賃金を上げる必要もないのだから、物価も賃金もこれ以上は動かないように元の状態に戻してほしい。大企業が続々と賃上げしていく様子を横目に見ながら、自社だけ賃金据え置きを続けるのは居心地が悪い。そうした主張をされる方は、特に地方の中小企業の経営者やシニア層に多く見受けられます。そして日本全体の中小企業の割合が99・7％であることを考慮すると、こちらのシナリオに進む可能性は決して低くないでしょう。

人手不足によるコスト増を価格に転嫁することは、中小企業にとって厳しい決断です。しかし、ようやく到来した賃上げの機運を途切れさせないためにと、23年11月、政府や公正取引委員会が中小企業の価格改定を大企業が受け入れるための行動指針を発表、大企業と中小企業の間でフェアな取引が成り立つように、中小企業の後押しを積極的に打ち出し始めました。こうした動きは今後ますます強まっていくでしょう。

どこか一部のパーツだけを変えても、経済全体の動きは変わりません。急性インフレと慢性デフレという2つの病を治療するためには、全体像を見ながらさまざまなパーツを機能させていく視点が重要なのです。

ここから注視すべきなのは「金利」

今後の日本経済を注視していく上では、日銀が行っているマイナス金利政策の展開にも注目が必要です。２０２４年にはいよいよマイナス金利の解除が予想され、金融緩和から欧米のように金融引き締めへと転じていくことが考えられます。

マイナス金利が解除されると金利が上昇し（利上げ）、一般の家計には住宅ローンの負担が増大する可能性が出てきます。それだけを切り取ると「負担増なんて迷惑だ」と思われるかもしれませんが、金利が上がるということは大きな枠組みで捉えると物価と賃金の好循環が起きている証左でもあります。金利の動向を注視し、実際に利上げが起きた際には、政府と日銀が経済の好循環を判断した上で見込んだのだと判断していいでしょう。

現在、日銀は短期金利をマイナス０・１％に設定していますが、解除にあたってはまずこの数値を０％に戻し、そこから小幅な動きで上げていくと考えられます。この数値を変えることはある種の意思表明ですから、「日本経済も日銀がようやく金利を上げられるくらいに良くなったんだ。ここから好循環に向かっていく萌芽が見えてきたのだろう」とポジティブに捉えるべきでしょう。

物価と賃金が一向に上昇しないことが日本経済のジレンマであると再三述べてきま

したが、実は金利も同じです。ゼロの動きで止まっていた物価、賃金、金利が再びセットで上がり始めることは久方ぶりのエポックメイキングであり、ここから賃金も健全に上昇していけば、停滞していた社会の雰囲気も良い方向へと変わっていくと考えられます。先を見据えている海外の投資家は、すでに日本のデフレ脱却を見込んで動き始めています。

人材不足が賃上げを促す

また、少子高齢化が進む日本の労働力を補うために、移民を積極的に受け入れるという方策も議論されています。言語の壁や社会保障の問題を工夫すれば、労働力不足の解消になる側面は確かに期待できるでしょう。しかし、海外と日本の賃金格差がここまで広がっており、この差がすぐには縮まらない以上は、日本に移民が続々と来てくれるような状況は当面は考えにくいでしょう。

移民受け入れ、女性活躍、定年年齢の延長など、政府は不足している労働力の供給を目指してさまざまな手立てを講じていますが、人手不足は一概に悪いことばかりではありません。なぜなら人材確保の優先順位が上がるほどに、賃上げの必然性も増していくからです。昨今はホテル・宿泊業界、飲食業などのサービス業での慢性的な人材不足が深刻ですが、いずれはどの業界であっても向き合わざるを得ない問題です。人がいなければ絶対に回らないサービスやシステムが存在する以上、人手は必要不可欠であり、そのために企業は賃上げを行わざるを得ないのです。

また、人材の流動化も賃上げ傾向を強める一因です。かつての日本は人材の流動性が低く、一社に長く勤めるメンバーシップ型雇用が一般的でした。

しかしジョブ型雇用が広がり、転職が当たり前の選択肢となったことで、近年は若年層の人材流動化が一気に進んでいます。A社でキャリアを積み、ステップアップしてB社に転職し、業界の問題点が見えてきたので起業して社会課題解決に挑む。こうしたルートを選択する若者は増加しており、それは日本の未来にとっては間違いなく希望といえるでしょう。

日本の労働生産性は1996年以降、ほぼ横ばいであり、その後25年間ずっと伸び悩んできました。いつまで経っても賃金が据え置かれた状況が続けば、労働者の意欲は削がれ、パフォーマンスも低下するのが当然でしょう。企業の利益も拡大しません。

本書のテーマである「海外出稼ぎ」という事象は氷山の一角に過ぎません。物価や金利の上昇に一喜一憂せず、労働者と消費者、双方の視点を行き来しながら海面の下にある氷山の全体像に想像を巡らせ、日本経済の行く末を注視していきましょう。

外国人労働者に「選ばれる国」になるために

interview

毛受敏浩

（公財）日本国際交流センター執行理事。慶應義塾大学法学部卒。米国エバグリーン州立大学公共政策大学院修士。兵庫県庁勤務を経て、1988年より日本国際交流センターに勤務。多文化共生・移民政策、草の根の国際交流調査研究、二国間賢人会議、NGO、フィランソロピー活動など多様な事業に携わる。文化庁文化審議会日本語教育小委員会委員、新宿区多文化共生まちづくり会議委員。著書に『人口亡国 移民で生まれ変わるニッポン』（朝日新書）などがある。

外国人労働者が「選ばない国」になりつつある日本

かつての日本は「出稼ぎに行きたい国」として東南アジア諸国から圧倒的な人気を誇っていました。しかし、外国人労働者がいくらでも入ってくる時代はすでに終わりを告げ、他国との労働者獲得競争の中で、日本は「選ばれない国」となりつつあるのが現状です。新興国に比べればまだ賃金は高いものの、他のアジア諸国のように賃金は上昇せず、長引く円安によって多くの労働者の仕送り額は目減りしています。

日本経済が長期停滞から脱する鍵が労働力の増大であることは、誰しも異論はないでしょう。あらゆる産業で人手不足が深刻化しています。国内の人材が減少する以上、海外から受け入れ、定住を進める必要があります。

日本に働きに来た外国人技能実習生の割合を見ると、2010年頃までは中国が全体の約8割を占めていました。その後はベトナムが増大した後、最近ではインドネシア、ネパール、ミャンマー、パキスタン出身の実習生が増えつつあります。かつて大多数だった中国からの実習生が減少したのは、もちろん経済発展が進んだため、海外出稼ぎをするまでの必然性がなくなったからです。

一方で、少子高齢化によって人口減少が続く日本の労働者不足は止まりませんから、今後は距離と文化度がより遠いネパールやバングラデシュ、パキスタンのような南アジアの国々の労働者を受け入れる流れが加速していくでしょう。軍事政権下にあるミャンマーのように政情が不安定である国の人にとっては、国を脱出したいと考える青年は多く、日本の治安のよさは大きな魅力に違いありません。今後はムスリム圏やアフリカからの労働者が増加することが予想されます。

ただし、高度な仕事を担える人材がこぞって日本にやってくる展開は望み薄です。レベルの高い学生は、欧米をはじめとした英語圏の大学や企業を第一選択肢として選びます。同様に、「英語圏は無理だが、同じアジアの国だから日本にした」「同国人のコミュニティがあるので日本にした」といった消極的な選択で日本を選んだ労働者が増えることが考えられます。

賃金は重要な指標ですが、海外から出稼ぎに来る労働者が尺度としているのは賃金だけではありません。「治安がいいから子どもが一人でも学校に行ける」「あからさまな宗教差別や人種差別を受けることが少ない」なども、その国に根を下ろしていく上では大切な要素です。日系ブラジル人やムスリム圏からの労働者が日本で増加したのは、こうした背景も無関係ではありません。

トップレベルの高度人材にとってはそこまで魅力的ではないが、中程度のレベルの人材にとっては無難な選択肢。これが海外から見た日本の現在の位置づけといえます。

一方で、日本で働くことを決めた外国人労働者にとって、大きな壁となるのが日本語です。どの産業であっても、日本で働くのであれば、ある程度のレベルの日本語を習得しなければなりません。しかし、外国人労働者を受け入れている現場では十分な日本語研修や、資格試験の勉強時間が与えられていないケースが珍しくありません。働きながら日本語で専門用語を学び、試験勉強をするような厳しさに耐えかねて帰国を選ぶ労働者も大勢います。

海外からの労働者はどんどんやってくるから、安く使い回せばいい。そんな時代はもはや二度と戻ってこないでしょう。日本の政府と事業者がすべきことは、日本を選び、日本語を習得するコストをかけてくれた外国人労働者を丁寧に育成し、地域の一員として日本社会への定着を促すことです。職場に定着し、永住権を得て、住宅ローンを組んで家族と共に日本で暮らしていけるような体制を整える。そのためには制度設計の見直しが急務です。

日本に都合がよすぎる技能実習生制度

2024年1月現在、外国人技能実習制度を見直す議論が進められています。技能実習制度は、1993年、アジア新興国の若者たちに「実習生」として日本の技術を学んでもらうとの趣旨でつくられた制度です。

しかし、現実を見ると、人手不足の日本企業が低賃金で実習生を労働力として扱っていることは明白であり、それにもかかわらず労働者が当然持つべき「職場を移動する権利（転籍）」は認められていません。技能実習制度には人材確保の観点から、3年縛りが定められているからです。

想像してみてください。新卒で入社した会社から「3年間は転職してはならない」と命じられたら、それは人権侵害です。日本人は職場を移動できるが、外国人労働者は許されない。日本人と同等の権利を職業上認められないことは、一定の理由があるにしろ、そんな企業側だけに都合のいい制度が、これまで約30年間も続けられてきたことは異常なことだということです。

転籍不可に関して、制度が始まった当初は「企業が外国人を安易に解雇しないように」との労働者を守る意図があったとも聞きます。外国で技能を学ぶのであれば、まずは一箇所で腰を据えて学んだほうが効率的だとの考えもあったかもしれません。しかし、いつの間にか「外国人を安く雇える」部分にだけスポットが当たり、歪な搾取構造ができあがっていったといえます。

転籍制限については日本政府もすでに問題視しており、近い将来は条件付きで転籍を認める新制度「育成就労」へと動き出しています。また、2019年には技能実習生よりも高い専門技術を身につけた「特定技能」制度を開始し、転職や家族の帯同、在留期間を無制限にする（2号）などの動きもありました。数年おきに新たな実習生を受け入れるよりも、長期で安定的に雇える特定技能制度のほうがメリットが大きいと考える企業が増加しているのは確かです。

日本定住を前提として外国人労働者を受け入れ、技能実習制度を「発展的に解消する」方向に舵を切ったことは確かに前進といえるでしょう。しかし、日本のメディアがその事実を積極的に報道していないため、国民の意識は乖離しています。「わざわざ外国人労働者を呼ばなくても大丈夫だ」と思い込んでいる日本人がまだまだ多いのはそのためでしょう。

「混ざること」で日本は発展してきた

日本企業が外国人を雇い入れることでもたらされるメリットは、労働者不足の解消だけではありません。日本でイノベーションが起こりづらいのは、良くも悪くも皆が空気を読んでしまうからです。同質性の高い集団だからこそ、異質な意見が述べづらい。そうした空気が新しいアイデアを阻害していた側面は否めません。

けれども異なる文化背景を持つ外国人が入ってくれば、コミュニティに多様性がもたらされ、サービスの刷新や組織が脱皮する好機にもなります。多少の摩擦が生じることは避けられませんが、新しい発見や自分たちのあり方を見直す契機も与えてくれるでしょう。

そもそも歴史を振り返れば、日本は古来より異国の文化や思考を受け入れながら発展してきた国でした。明治維新のように、ひとたび号令がかかるとぱっと肉食を解禁し、西洋文明を取り入れた国なのですから、変化を柔軟に受け入れるポテンシャルは本来であれば高いはずです。敗戦後に高度経済成長をなし得たのも、アメリカというお手本に学び、その良さを取り入れたからこそでしょう。

日本は「混ざる」ことで強くなってきた。この前提を多くの日本人が共有できるようになれば、外国人労働者への認識も良い方向へと必ず変わっていくはずです。

地方ほど外国人材受け入れに積極的

いずれにせよ、すでに少子高齢化と人口減少が進む日本において、外国人労働者を受け入れる以外の選択肢は現実的にありません。都市部よりも地方在住者のほうが、すでにその実感を持っているのではないでしょうか。過疎化が進む一部の地方では、外国人材の受け入れには積極的なスタンスを取っています。共同通信社が全国の自治体首長を対象に行ったアンケート調査では、8割強が「外国人材の受け入れ推進が必要である」と回答しています。人口減少が加速する地方だからこそ、すでにそこまでの危機感を抱いているのでしょう。

では、地方都市では日本人の住民と外国人材の共生が進んでいるのかと思いきや、外国人の人口だけを見ると増加しているが、日本人の住民と接点を持てる機会はあまりないのが実状のようです。

地方の場合、高度人材の外国人はほとんど見当たらず、技能実習生が大半を占めるのですが、ほとんどの実習生は工場や農場と自宅の寮を往復するだけの毎日を過ごしているため、住民と交流する機会もありません。企業によっては自国の実習生とも交わらないよう、国別に職場を囲い込んでいることもあります。これは企業の実習生の賃金に差がある場合があるため、実習生が情報交換でその事実を知る機会を回避させるためだと考えられます。

同様の文脈で、技能実習生の日本語が上達することを心よく思わないケースもあります。日本語が上達すれば、実習生側は賃金未払いやパワハラなどの理不尽な状況に追い込まれたとき、「こんな酷い目に遭った」と周囲の日本人に訴えることができます。しかし、言葉が不自由であれば直接的に訴えるハードルが上がるからです。

つまり、人口減少のために自治体としては積極的に受け入れが必要と考え始めているが、技能実習生は住民との交流はほとんどない。交流がないせいで、逆に外国人への偏見が増長されていく。いくつかの地方自治体ではこうした皮肉なケースも見受けられます。

日本企業と外国人労働者のマッチングに関しては、民間企業に任せるのではなく、ハローワークのような公的機関が担う形に変更していくのが望ましいと私は考えます。斡旋業者は民間企業ですから、斡旋する件数が増えるほど利益が生まれます。すると、よりよい条件を提示して労働者の転籍を促し続けるため、人材が都市部へと大量に流出していくような不均衡な事態を加速させてしまう可能性が高くなります。

また、転籍の条件には日本語スキルの上達も含まれていますが、労働者の日本語スキルが上がると転籍されるリスクが高まるので、転籍防止のために日本語の勉強を妨害するような働き方を強いる企業が増える可能性もあります。

さらに付け加えると、外国人労働者の日本語スキルと仕事の技能が混同されている点にも注意が必要です。

介護職でたとえるならば、日本語での申し送り書を書くのが下手であっても、利用者に快適なケアを提供できるのであれば、その人は介護者として優れたスキルを持っているといえます。本来であれば両者は切り分けて判断されるべきですが、日本語のスキルに評価が左右されている場面は少なくありません。

しかし、日本語の問題についてはテクノロジーで解決できる領域も増えています。介護職の申し送りであれば、タブレットを導入して手書きからデジタルへと入力方式を変えれば外国人労働者の日本語の拙さはカバーできるようになるはずです。もちろんこの場合は初期投資が必要になりますが、それ以外にもちょっとした工夫次第で変えられる部分は必ずあります。上級レベルを目指し日本語の習得にリソースを割かせるよりも、本来の職務にエネルギーを注いでもらったほうが労働者にとっても企業にとってもプラスになることは間違いないでしょう。

一方で、配送業のように「手書きの日本語が読める」ことが賃金アップにつながる職場もあります。宛名欄に書かれている手書きの日本語が読めない外国人労働者は、できる業務が必然的に運転だけになってしまいます。けれども、手書きの日本語が読めるようになれば、一人で運転と配送をこなせるようになり、賃金も上がります。手書き文字を解読できる精度の高いアプリなどが登場すればこの問題も解決するかもしれませんが、日本語スキルがどう活きるかは、このように業種によってさまざまに異なります。

「外国人材に選ばれる企業」の最低条件とは

では、日本の企業はどうすれば外国人材にも選ばれる競争力の高い企業になれるのでしょうか。

まず真っ先に行うべき基本は、日本人の労働者と同等の待遇を用意することです。日本人が嫌がる仕事を外国人に押し付ける、雇用関係を盾に威圧的な行動に出る、外国人への偏見を感じさせるなどはいずれも論外です。

誰もがスマホを持っている今の時代、同国人のコミュニティ内で、瞬く間にその企業の悪評が広がるかもしれません。巡り巡って優秀な人材を雇うチャンスも取り逃がしてしまいます。

また、外国人労働者に日本語をきちんと教える体制を、国が責任を持って整備していくことも必要です。外国人労働者が日本語を上達させようと思ったら、地域の日本語教室や日本語教師による善意のボランティアに頼る以外には無料あるいは低料金で学べる場がありません。しかし、日本語教室がある地域ばかりではありません。

この現状を変えていくためには、国が責任を持ってバックアップしていくしかありません。２０２４年4月から、日本語教師は「登録日本語教員」という名の新たな国家資格となります。国家資格となることで、日本語を教える人材が増加すれば、外国人労働者が日本語を学ぶ機会・場所が増えていくことも期待できるでしょう。そこで発生する費用を国と企業、どちらが負担すべきかについてはもちろん議論が必要ですが、官民一体となって意識を変え、日本語習得をサポートする姿勢を示さなければ「外国人労働者に選ばれる国」にはなれません。

２０２３年の日本の人口は、前年より約80万人減少しています。これは１９７９年の調査開始以来、過去最大の減少幅であり、東京都を除く道府県では人口減少率が拡大の一途をたどっています。もはや外国人を一時的な滞在者とみなすのではなく、長期就労・永住を前提とした制度設計を真剣に検討すべきです。そのための指針として、外国人政策を議論する日本国際交流センターの「外国人材受入れに関する円卓会議」で「在留外国人等基本法」を提唱しています。外国人労働者が能力を適切に発揮できるようになるために、国と事業者側は何をすべきか、日本人の意識に変革を促すという意味でも、政府が国内外にメッセージを発することが必要です。

移民二世、三世をどう支えていくか

ここまでは本書のテーマである「海外出稼ぎ」に照準を合わせて、海外から日本に働きに来る人材を「外国人労働者」と表現してきました。しかし、本来であれば外国人労働者という呼称は一面的なものであり、国や文化が違えばそれぞれに抱える事情も異なります。本当であれば一対一の個として向き合えるのがベストですが、そこまで細やかに掬い上げるサービスを整備することは現実的には不可能です。

生まれ育った国が違っても、言うまでもなく私たちは同じく日々を営む人間です。日本での労働環境が安定すれば、「労働者」「移民」として働きに来た人々は日本で家族を持ち、日本の学校に子どもを通わせ、地域に根を下ろすでしょう。

移民一世である親は漢字がわからないため学校の配布物や教科書を読めないが、二世である子どもは読めることも十分に起こりうるはずです。幼少期に家族で来日したが、子どもが母語ほどには日本語を理解できないため高校に進学ができないようなケースもあります。目先の労働者といかに向き合うべきかについての議論ばかりが注目されますが、その子や孫にあたる移民二世、三世の教育をどう支えていくか、どのような生活支援サービスを提供できるのかについても、「受け入れ国」側が真剣に考えるべき局面に来ています。

日本が受け入れ国として成長するために

他方で、高度な能力や資質を持つホワイトカラーの「高度外国人材」の受け入れについても考えなければなりません。高度人材に関しては多くの場合、留学などで来日経験を持つ人材が多い傾向にありますが、それでも「銀行口座やクレジットカードを作るのに苦労した」「旧態依然の企業文化が残っているため昇進が遅い」「能力と報酬が不釣り合いに感じられる」などの声が多く聞こえてきます。高度人材である自身の職場環境に不満はなかったが、帯同した家族が日本の風土に馴染めず結局は家族で自国へ戻ることになった、というケースもあります。

また、これは高度人材に限った例ではありませんが、日本にやって来た外国人が「最も行きたくない場所は役所だ」という声もよく聞きます。日本人ですら手続きを面倒に感じる場所ですから無理もないでしょう。ある自治体では外国人向けの用紙だったにもかかわらず、生年月日の欄が西暦ではなく、「昭和・平成・令和」から選ぶ仕様になっていました。外国人の目線に立った公共サービスの提供という意味では、日本は他国と比べるとかなり遅れていると言わざるを得ません。

外国人が「助けてください」とヘルプを出してくるのを待つのではなく、受け入れ国であるこちら側からアウトリーチしていかなければ、日本で生きようとする外国人生活者に本当に必要なサービスはなかなか届けられないでしょう。国、自治体、企業、NPOなど全方位からのサポートが必要不可欠です。

移民をタブー視し、抵抗感を抱く日本人は残念ながらまだまだ存在しますが、2020年代に入って以降、政府はいよいよ実質的な移民政策に本腰を入れつつあります。2022年には「外国人との共生社会の実現に向けたロードマップ」が決定され、進められています。外国人との共生社会に向けての日本の静かな大転換はすでに始まっているのです。

おわりに

2023年2月1日、クローズアップ現代「〝安いニッポンから海外出稼ぎへ〟～稼げる国を目指す若者たち～」の放送後、番組には多くの反響が届いた。「ただただ羨ましい」「海外で働く若者たちが生き生きとして見えた」など羨望の声から、「日本経済の衰えを痛感した」「有能な人材がますます流出してしまう」など日本の未来を案ずる声など、SNSを中心に様々な意見が飛び交っている。放送をきっかけにして、人々が考え、意見を持ち、議論が巻き起こることは、決して悪いことではない。これを機に、若者たちが希望を持って働くことができるような日本の未来に向けて、私たち番組の作り手側も一層精進していかなければならない。そのためには、徹底した現場取材と継続性のある情報収集がますます必要になってくるであろう。残念ながら今回の番組では、紹介しきれなかった情報や番組に寄せられた声もある。様々な人々の声に真摯に寄り添いながら、私たちはこれからも社会に伝えていかなければいけないメッセージを番組を通して届けていきたいと思う。

本書の制作にあたっては多くの方々のご協力をいただいた。まずは何と言っても、取材に応じてくれた海外・国内で働く50人以上の若者たち。仕事の合間に対応してくれたり、友人をどんどん紹介してくれたりと、忙しい合間を縫って多大なる協力をしていただいた。そして、海外で働く若者たちを紹介してくれた日本の留学支援会社の協力も必要不可欠であった。海外に築き上げてきた強力なネットワークのおかげで、多くの関係者の取材にたどりつくことができた。また、日本で外国人労働者を支援するＮＰＯや派遣会社、雇用主など、様々な人々のご尽力のおかげで「海外出稼ぎ」の実態と現場からのリアルな本音に迫ることができた。この場を借りて、感謝申し上げたい。

１９９０年代以降、日本経済は低迷が続いている。「失われた30年」をどう克服し、次の時代をどのように生き抜いていくのか。「海外出稼ぎ」はその一つの手段になり得るかもしれない。そして、国民が日本経済について考えるきっかけになる現象かもしれない。本書をきっかけに、考える機会となればと願ってやまない。

NHKクローズアップ現代「安いニッポンから海外出稼ぎへ」取材班一同

主要参考文献・資料

第１章

・外務省「ワーキング・ホリデー制度」

・厚生労働省「令和４年度介護従事者処遇等調査結果」

第２章

・Specified subclass 417 work / Australian Government（ワーキングホリデービザの特定業務（サブクラス４１７））

・外務省「海外在留邦人数調査統計」

・世界経済フォーラム（ＷＥＦ）「ジェンダーギャップ報告書」

・厚生労働省「令和４年賃金構造基本統計調査」

第３章

・国際協力機構「２０３０／40年の外国人との共生社会の実現に向けた調査研究」

・千葉県君津市「君津市第９期介護保険事業計画」

・厚生労働省「介護サービス施設・事業所調査」

第４章

・マンパワーグループ株式会社「２０２３年人材不足に関する調査」

執筆者

浅沼駿介・小林大我

NHK「クローズアップ現代」取材班

1993年から放送されている報道番組。“心に刺さるジャーナリズム”を目指し、政治経済の動きから、暮らしに直結する話題や最新トレンドまで、幅広いテーマを徹底した現場取材で掘り下げる。

ルポ 海外《かいがい》出《で》稼《かせ》ぎ

「安《やす》いニッポン」から「稼《かせ》げる国《くに》」を目《め》指《ざ》す若者《わかもの》たち

2024年4月1日　第1刷発行

著　　者　NHK「クローズアップ現代《げんだい》」取材班《しゅざいはん》
発 行 者　佐藤 靖
発 行 所　大和《だいわ》書房
　　　　　東京都文京区関口1-33-4
　　　　　電話03-3203-4511
カバーデザイン　山之口正和＋齋藤友貴（OKIKATA）
本文デザイン＋ＤＴＰ　滝澤博（ISSHIKI）
インタビュー構成　阿部花恵
校　　閲　鷗来堂
本文印刷　厚徳社
カバー印刷　歩プロセス
製 本 所　小泉製本

ISBN 978-4-479-39416-7
乱丁本・落丁本はお取り替えいたします。
http://www.daiwashobo.co.jp/